经济管理学术文库·管理类

低碳驱动因素及网络构建研究
——基于WEEE第三方逆向物流视角

Low Carbon Driving Factors and Network Design
——From the Perspective of WEEE Third-party Reverse Logistics

孙 强／著

经济管理出版社
ECONOMY & MANAGEMENT PUBLISHING HOUSE

图书在版编目（CIP）数据

低碳驱动因素及网络构建研究——基于 WEEE 第三方逆向物流视角/孙强著. —北京：经济管理出版社，2020.1
ISBN 978-7-5096-7020-0

Ⅰ.①低… Ⅱ.①孙… Ⅲ.①日用电气器具—废弃物—物流管理—研究—中国 ②电子产品—废弃物—物流管理—研究—中国 Ⅳ.①F426.6 ②X76

中国版本图书馆 CIP 数据核字（2020）第 022094 号

组稿编辑：杨国强
责任编辑：杨国强　张瑞军
责任印制：黄章平
责任校对：王纪慧

出版发行：经济管理出版社
　　　　　（北京市海淀区北蜂窝 8 号中雅大厦 A 座 11 层　100038）
网　　址：www. E-mp. com. cn
电　　话：（010）51915602
印　　刷：三河市延风印装有限公司
经　　销：新华书店
开　　本：720mm×1000mm/16
印　　张：13.75
字　　数：202 千字
版　　次：2020 年 5 月第 1 版　　2020 年 5 月第 1 次印刷
书　　号：ISBN 978-7-5096-7020-0
定　　价：88.00 元

前　言

　　绿色低碳可持续发展是一种全新的发展理念，对于持续推进我国的经济社会发展具有重要的理论意义和现实意义。自 21 世纪以来，人类的生存和可持续发展已经极大地受到资源匮乏、固体废弃物污染、环境恶化及能源消耗的潜在威胁。在经济快速发展的背景下，许多政府已经颁布了必要的法律法规来控制污染和保护环境。如何在工业化进程中实现生态友好型社会、环境保护型社会，最大限度地降低对能源的消耗和温室气体的排放，成为经济发展新常态下需要关注的重要发展问题。逆向物流的出现使得这一困境得到有效的缓解。废旧电器电子产品（WEEE）的回收再利用属于逆向物流的运作内容，为实现我国经济的又好又快发展、产业结构调整和物流产业的发展提供了新的更广阔的视野，也成为近年来学术研究的一个热门。

　　本书重点研究需求不确定、再生产不确定及回收不确定下的 WEEE 第三方逆向物流网络优化模型，并对所建的模型进行了仿真。同时，从回收理论与方法、回收模式、低碳驱动因素、网络设计四个方面回顾了废旧电子电器第三方逆向物流的国内外研究现状，介绍了 WEEE 回收网络不确定问题和鲁棒优化方法。另外，还对 WEEE 回收网络不确定问题和鲁棒优化方法及应用等方面的研究成果进行了综述，设计了 WEEE 第三方逆向物流低碳驱动指标体系。

　　本书的研究内容和成果将为有效解决不确定因素对 WEEE 第三方逆向物流网络运作性能的影响提供有益参考。

目　录

1 绪 论

绿色低碳可持续发展是一种全新的发展理念，对于持续推进我国的经济社会发展具有重要的理论和实践意义。自21世纪以来，人类的生存和可持续发展已经极大地受到资源匮乏、固体废弃物污染及能源消耗等的潜在威胁。在经济快速发展的背景下，许多政府已经发布了必要的法律法规来控制污染和保护环境。如何在工业化进程中实现生态友好型社会、环境保护型社会，最大限度地降低对能源的消耗和温室气体的排放，成为经济发展新常态下需要关注的重要发展问题。逆向物流的出现使得这一困境得到有效的缓解。废旧电器电子产品（WEEE）的回收再利用属于逆向物流的运作内容，为实现我国经济的又好又快发展、产业结构调整和物流产业的发展拓展了新的更广阔的视野。

1.1 研究背景

改革开放和社会主义现代化建设使我国人民的生活质量越来越高，也使得我国电器电子的生产量逐年增加，而高速增长的电器电子产品使用量带来了废旧电器电子产品的快速增加，导致我国已经成为仅次于美国的第二大"废旧电器电子"生产国。图1.1显示了截至2015年末我国的电器电子产品保有量及走势，可以看到，电器电子产品的保有量逐年增加。根据中国家电协会的预测，到2020年我国的WEEE产品将达1.4

亿台。如何对这些达到报废期的电器电子产品进行处理，实现废旧资源
和物质的循环利用，就成为当前逆向物流领域亟待解决的主要现实问题。

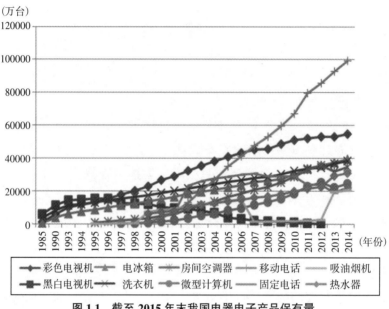

图 1.1　截至 2015 年末我国电器电子产品保有量

欧盟是国际上最早对 WEEE 进行立法和运作规范的区域。欧盟各成
员国的 WEEE 回收管理企业和非政府团体共同组成了 WEEE 行业协会
（WEEE Forum），由 WEEE 行业协会负责对各国的 WEEE 运作进行指导，
搭建各国相关者进行交流的平台，做到信息共享，共同处理 WEEE 运作
中的问题并协商解决办法。欧盟国家的 WEEE 回收处理专业化程度高，
回收处理企业相对较多，专业分工较细，运作流程比较规范，主要的
WEEE 处理方法包括：WEEE 产品回收、WEEE 产品分类、零部件的拆
解、零部件的分类、专业化处理。德国每年产生的废旧电器约为 200 万
吨，年均增长率为 3%~5%，其中 60%~70% 由市政回收公司回收，30%
左右由私人公司回收。为了规范 WEEE 的回收运作，德国政府出台了完
善的法律法规，同时健全回收网络、明确相关责任人的权利义务关系，
建立激励机制和监管机制，保证了 WEEE 逆向物流的高效性、环保性和

协调性。在荷兰，90%的 WEEE 产品由政府负责回收处理，10%的由企业负责，WEEE 的回收处理率接近 100%。此外，美国、日本均有完善的 WEEE 回收利用法律法规，回收的主体均为技术成熟、管理完善的 WEEE 回收处理企业，回收处理率均在 97%以上，二次污染基本为零。

面对越来越多的废旧电器电子产品和社会环保意识的增强，急需一个能对废旧电器电子进行回收处理并使其产生价值的组织，利用其专业化的拆解和处理能力，实现废旧电器电子的循环再利用。在这种情况下，第三方逆向物流回收处理企业应运而生。我国废弃电器电子产品回收行业的发展经历了三个阶段：第一阶段是 2009 年之前，市场经济体制下的个体回收商的回收模式；第二阶段是 2009~2012 年，在家电以旧换新政策下的以零售商和制造商为主的政府补贴回收模式；第三阶段是 2012 年后，出现了第三方逆向物流回收模式。具体如图 1.2 所示。

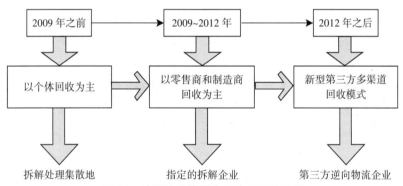

图 1.2 我国废弃电器电子产品回收阶段

实施废弃电器电子产品的回收处理，具有良好的经济效益和社会效益，具体表现如下：

1.1.1 提升 WEEE 产品处理的专业化

规模化带动经济效应扩大是经济增长的内涵，这一点在 WEEE 产品的回收再利用上也不例外。随着 WEEE 产品数量的增加，对拆解效率的提高和拆解工艺的升级提出了新的更高的要求，同时为 WEEE 回收企业的规模化运作提供了保证。这一趋势最终会使得 WEEE 产品回收行业成为产业，全面促进新经济的发展和资源的循环利用。

1.1.2　加速 WEEE 回收产业的形成

根据中国家用电器研究院测算，2015 年企业整体回收资源量较 2014 年增幅平稳，但较 2012 年和 2013 年涨幅很大（见图 1.3）。企业的加入为这一行业的发展和完善提供了基础，在无形中形成了产业化运作。

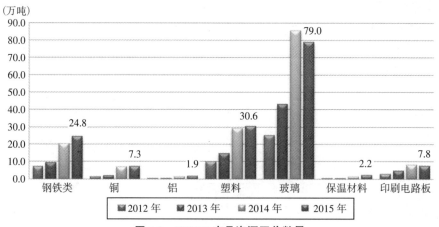

图 1.3　WEEE 产品资源回收数量

1.1.3　实现资源与环境压力的缓解

对于 WEEE 产品的处理，目前多以小作坊、自由处理为主，且存在很多的安全隐患，容易造成人身伤害。而对于无利用价值的废弃产品处置，以焚烧为主，不但没有实现资源的循环利用，反而进一步加重了环境污染。因此，实现 WEEE 产品回收再利用的产业化和规模化，对于实现资源和环境的双重保护极其有利。

1.1.4 实现多种 WEEE 产品回收模式的创新

"互联网+回收""线上回收，线下交易"等各种互联网时代下的全新回收模式丰富了 WEEE 产品回收的内涵和运作主体，也使得回收产品从手机等小型产品扩展到主要的家电产品。同时"绿色消费+回收"的新回收模式也取得了一定的成效。

在看到 WEEE 逆向物流效益的同时，也应当看到 WEEE 在回收中造成的安全隐患、环境污染以及对人体的危害。例如，电冰箱、空调中的制冷剂大多数为氟利昂，一旦处理不当进入大气层，就会破坏臭氧层，引发世界性的生态危机；铅酸电池里的液体进入土壤，会对地下水造成直接的污染。目前这些问题已经引起了国家和各级非政府组织及国家环保组织的密切关注，也成为实现 WEEE 逆向物流价值需要解决的首要问题。另外，从 WEEE 产品的回收率看，2015 年我国的 WEEE 产品回收率为 20%，仅为 2015 年 WEEE 产品市场容量的 1/5，许多 WEEE 产品根本没有实现其循环再利用的价值（见图 1.4）。如何实现 WEEE 逆向物流的

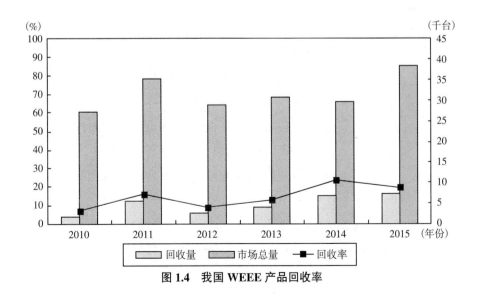

图 1.4 我国 WEEE 产品回收率

无害化和高效化，已成为 WEEE 逆向物流亟待研究解决的核心问题。

经济发展与 WEEE 逆向物流的碳排放之间如何实现均衡发展，如何对 WEEE 逆向物流过程的碳足迹进行控制，找出主要的碳排放驱动因素，进而从这些驱动因素入手，对 WEEE 逆向物流的全过程进行低碳运作，对于促进 WEEE 逆向物流的低碳发展，实现经济新常态下的经济增长意义重大。当前资源环境与生态问题是与经济发展并存的现实问题，资源匮乏和环境危机成为全球共同应对的挑战，低碳经济转型已成为经济社会发展方式的必然选择，这使得循环经济和逆向物流展现出了前所未有的发展优势。研究如何从低碳视角对废弃电器电子产品逆向物流的能源消耗因素进行识别，使整个逆向物流流程对环境的影响最小，从源头上扭转生态环境恶化的趋势，不仅具有重要的理论意义，同时具有重要的现实意义。

1.2　研究意义

要实现 WEEE 逆向物流与经济、生态、社会的健康协调发展，必然要了解 WEEE 逆向物流的低碳驱动因素，在此基础上找出关键驱动因素对 WEEE 逆向物流的影响机理，才能为构建 WEEE 第三方逆向物流网络提供参数和约束条件。本书基于这样的思路对 WEEE 第三方逆向物流的低碳驱动因素进行定量分析和归纳，以低碳经济为背景，考虑第三方回收的 WEEE 逆向物流运作模式，以 WEEE 逆向物流碳排放驱动因素的识别为基础，以 WEEE 逆向物流网络的构建为目的，以鲁棒优化模型为研究方法，以 EViews7.0、LINGO12.0、SPSS21.0 等计量软件为研究工具，对 WEEE 逆向物流的低碳网络进行优化，形成节约能源和保护环境的空间格局，为我国实现节能高效、低碳经济的可持续发展提供更为有效的理论依据和实践指导。

1.2.1 理论意义

（1）丰富了 WEEE 第三方逆向物流的理论体系。在综合逆向物流、低碳经济、循环经济的基础上，建立 WEEE 第三方逆向物流低碳驱动指标体系，将关键驱动因素纳入网络模型的参数，扩展了 WEEE 第三方逆向物流网络的理论模型；逆向物流与循环经济、低碳经济、绿色物流是一体的，通过对 WEEE 第三方逆向物流进行研究，可以促进不同理论之间的融合，更好地认识规律。

（2）辨明了 WEEE 第三方逆向物流的低碳驱动因素及影响机理。进行 WEEE 第三方逆向物流碳排放与关键驱动因素之间的理论机制分析，认为能源结构因子、经济发展因子、人口因子等间接影响 WEEE 第三方逆向物流的碳排放，从而为寻求 WEEE 第三方逆向物流的低碳发展提供了理论思路。

1.2.2 现实意义

（1）有助于低碳物流和低碳社会的形成。作为一种先进的逆向物流运作模式，研究 WEEE 第三方逆向物流的最终目的是在逆向物流企业得到应用并取得经济效益，更为重要的是取得环境效益，因此探讨 WEEE 第三方逆向物流的低碳驱动因素与影响机理，不但能减少 WEEE 第三方逆向物流企业的能源消耗和污染排放，还能实现经济与生态的协调发展，真正实现资源节约型、环境友好型社会的发展目标。

（2）在对 WEEE 第三方逆向物流碳排放与关键驱动因子的协整分析的基础上，进一步对影响弹性进行定量测度，不仅说明 WEEE 产品的再制造率、市场容量、回收数量对碳排放存在影响，而且量化了其影响程度，也从能源结构、能源效率的角度验证了发展低碳逆向物流的重要性，认为 WEEE 第三方逆向物流的网络构建是"经济—生态—能源"协调发展的多目标决策问题，为企业进行网络规范提供了实践指南。

1.3　相关领域国内外研究现状

最早研究逆向物流的是两位美国学者 Douglas Lambert 和 James Stock，他们于 1992 年首次提出了逆向物流的概念，认为逆向物流是包括产品退回、产品替代、零部件再利用、废弃物处置、维修与再制造等各个流程的物流活动。逆向物流包含的产品类型多种多样，WEEE 逆向物流是其中的一个分支。《中华人民共和国国家标准物流术语（2001）》对废弃物逆向物流定义为：将生活中已经失去了原来的使用价值的电子产品，在对其进行回收时，根据实际的需要采取维修再使用，零部件原材料再制造，废物填埋等处理方式，经过运输、仓储、装卸搬运、包装、流通加工等各种物流活动，运送到特定的回收中心的一系列特定活动的过程。

随着低碳经济、循环经济、可持续发展等各种理念的出现，WEEE 逆向物流成为研究的一个热点问题。本书主要从 WEEE 逆向物流回收理论与方法、WEEE 逆向物流回收模式、WEEE 逆向物流低碳驱动因素、WEEE 逆向物流网络设计四个方面进行了综述。

1.3.1　WEEE 逆向物流回收理论与方法

1.3.1.1　国外相关文献

WEEE 逆向物流在国外的研究侧重于实践，即废旧电器电子如何实现资源的再利用和相关的保障措施，以及 WEEE 逆向物流网络的建设等方面。

定性研究方面，Ueberschaar、Andrea、Mert、Wager、Kalmykova、Islama、Jian 分别研究了废旧电器电子提取再生资源的过程及存在的问题，指出需要从 WEEE 逆向物流网络的稳定性、经济发展水平、社会发展程度、政府行为、利益相关者的行为、环境影响程度、法律法规等各方面来进一步完善 WEEE 逆向物流的回收与处理作业。Zlampareta 等提出，要在电器电子的设计和制造阶段实现绿色制造、可持续再制造，以此降低 WEEE 产品的回收处理数量。

定量研究方面，Ardi 等、Gua 等设计了 WEEE 逆向物流评价体系来评价市场反应程度、网络稳定性、利益相关者的参与度等方面对 WEEE 回收的影响程度，提到了扩大 WEEE 第三方逆向物流模式的必要性。还有许多学者如 Zhao 等、Menada 等、Gamberini 等、Kilic 等基于灰色关联模型、物质流平衡理论、环境评价模型、模糊评价模型等建立了 WEEE 逆向物流回收网络模型，强调建模时应考虑回收技术、经济、社会、环境等各方面的不确定因素。

1.3.1.2 国内相关文献

定性研究方面，刘慧慧等、鲁修文、姚凌兰等、吴培锦等、单明威等、邓毅等、璐羽等、宋利伟等总结了废旧电器电子回收和处理的国内外现状及管理经验，认为回收的无序运作、渠道的不完善、参与主体的多元化、环境影响的严重性是当前我国废旧电器电子回收处理面临的主要问题，针对这些问题，应分别从完善回收渠道、加大生态保护力度、出台相应法律法规等方面加强我国的废旧电器电子回收体系。秦玉坤等、刘一、梁波等、向宁等分别从发展清洁生产、建立有效的回收体系、完善法律和监管体系、责任划分、信息反馈机制、信息技术利用等方面提出了适合我国废旧电器电子回收和资源化的建议及途径。黄帆等在对国内外废旧电器电子逆向物流的回收模式进行对比分析的基础上，剖析了我国废旧电器电子回收中存在的问题，指出应从完善回收秩序和降低环境影响两个角度强化废旧电器电子产品的回收网络。

随着时代的发展和科技的进步，李春发等研究了网络作为信息交互平台如何影响消费者的回收行为，魏洁提出利用"互联网+"的回收模式，雷蕾提出废旧电器电子应在虚拟的共生网络中进行流程的设计，充分考虑各参与主体的活动内容。杨欢等、宋小龙等利用生命周期评价法对废旧电器电子回收处理的各个环节进行研究，指出需要实现废旧电器电子回收处理的产业化运作。郭汉丁等从技术、经济、社会、生态等各方面提出了完善废旧电器电子产业化的政策和保障措施，从而更好地实现废旧电器电子回收的价值。彭本红等研究了废旧电器电子产业的协同治理机制，指出企业社会责任、管理者的能力素质、国外技术的借鉴是提高产业协同的主要驱动因素。余福茂等、幕艳芬等进一步分析了消费者参与废旧电器电子回收程度的主要影响因素，对促进废旧电器电子产品逆向物流的协同治理起到了补充作用。

定量研究方面，刘永清等研究了废旧电器电子产品回收渠道的影响因素，并利用 DEMATEL 进行了实证分析，明确了政府、回收商、消费者三个主体的相关责任，为废旧电器电子回收网络的构建提供了理论参考。伊长生等、邱建伟、刘枚莲等、童彦晏等学者基于模糊规划理论和方法，以成本最优为目标建立了废旧电器电子逆向物流网络模型，进一步丰富了废旧电器电子逆向物流网络构建的方法和理论。除了模糊规划外，吕彬等对废旧电器电子逆向物流的生态效率进行了分析，提出了促进废旧电器电子逆向物流的生态效率的保障措施。段玉涛等建立了以第三方为主体的废旧电器电子回收网络混合整数规划模型，并给出了算法。付小勇等、林文等研究了废旧电器电子回收不同主体的行为演化博弈，重点分析了法律环境、生态利益最大化、废旧电器电子产品的回收率对回收模式选择的影响，为选择回收模式提供了理论基础。梁晓辉等研究发现，区域 GDP、人口密度、区域面积等因素是保证 WEEE 回收网络稳定性的重要因素。吕君等针对 WEEE 回收数量的空间相关性，构建了基于克里金方法的 WEEE 回收数量空间模型来预测回收量，算例结构表明模型能准确预测区域的 WEEE 回收数量。

1.3.1.3　研究评述

WEEE 逆向物流回收理论与方法的研究存在如下不足：

（1）对 WEEE 逆向物流回收能力的影响因素的识别研究偏少，现有关于 WEEE 逆向物流回收能力影响因素的研究仅仅是给出一系列因素，各因素之间的主次及影响程度方面，缺乏相应的深入研究。

（2）对低碳背景下 WEEE 逆向物流回收的碳排放驱动因素识别等方面进行研究的现有文献较少，有的也仅仅是从定性方面进行研究，因此本书将从 WEEE 第三方逆向物流的碳排放驱动因素识别入手，深入分析 WEEE 第三方逆向物流过程的碳排放与低碳驱动因素的关系，从而找出低碳驱动因素对 WEEE 第三方逆向物流碳排放的影响机理，为制定相关的低碳政策提供参考。

1.3.2 WEEE 逆向物流回收模式

WEEE 逆向物流回收模式探讨的是谁作为回收主体来从事何种具体的 WEEE 操作。对于回收模式的类型，大多数文献采用博弈论的研究方法，如国外学者 Jayaraman、Spicer、Savaskan 等、Carol 等、Thierry、Manbir 等，以及国内学者王璇等、刘嘉宝等、张玲等、聂佳佳、计国君等从不同角度阐述了 WEEE 逆向物流的回收模式，总结起来大致有三类：生产商回收模式、第三方回收模式、联合回收模式。

对于 WEEE 逆向物流回收模式的选择，王涛等、倪明等从选择依据、利益最大化、环境影响、政府层面等角度阐述了 WEEE 逆向物流回收模式。邹安全等综合了经济、社会、技术三方面因素，运用 AHP 层次分析法构建逆向物流回收模式理论模型。梁碧云等运用 AHP 法，从成本、能力、重要程度三方面选择指标体系，建立了逆向物流回收模式选择模型。李俊等、范波峰、沈君华等考虑回收成本、回收质量、管理能力、信息技术等各方面因素，建立了 WEEE 逆向物流回收模式选择模型。

当回收模式选择第三方回收后，对这一问题的定性研究多集中于第三方逆向物流的概念、特点、运作流程等理论方面，如张颖菁等分析了逆向物流的运作模式及其主要特点，重点研究了第三方作为回收主体的可行性。邵华分析了第三方逆向物流的核心价值，指出第三方逆向物流在降低成本、提供专业化服务、信息共享、风险规避等方面均具有独特的优势，这些研究成果均为第三方逆向物流的可行性提供了理论基础。周伶云等指出，我国废旧电器电子产品的无序回收、环境污染现象严重，提出了符合我国国情的第三方逆向物流运作模式。后来，马莉、张雄林等、曾倩琳等、文风、陈傲等基于层次分析法和模糊评价法建立了第三方逆向物流服务商的评价指标体系和评价模型，涉及经济、社会、环境各方面的具体评价指标。梁志林研究了第三方逆向物流的决策理论和决策方法，探讨了实施第三方逆向物流存在的问题和相关对策。

定量研究则侧重于对第三方逆向物流服务商的选择与评价，研究方法多为随机规划、博弈论、灰色关联度法、粗糙集理论、模糊规划等。如 Tan 等以生产商的利润最大化为目标建立了各参与主体利益最大化的 WEEE 第三方逆向物流回收决策模型。Efendigil 等采用模糊集理论和人工神经网络优化的方法，建立了选择 WEEE 第三方逆向物流回收商的多目标决策模型。Hong 等研究了第三方负责再生产的逆向物流运作模式，并建立决策模型对第三方回收模式进行选择。Krumwiede 构建了第三方回收的逆向物流决策模型，分析了其他社会力量参与第三方逆向物流运作的可行性。

国内学者郎宏文等考虑回收数量、回收质量和回收种类的不确定性，以成本最小为目标建立了 MILP 逆向物流网络模型并进行了实证分析。何波等考虑设施选址、运输、存储和服务等因素的不确定性，构建了 WEEE 第三方逆向物流的混合整数非线性优化模型，并设计了混合智能算法对模型进行求解。陈果等基于随机规划和机会约束模型建立了第三方逆向物流网络规划模型并进行了算例分析，刘秋生基于熵值法建立了第三方逆向物流服务商的评价模型，李晓莉等基于粗糙集的灰色 TOPSIS 法建立了第三方逆向物流服务商的评价模型，陈虎等基于博弈论建立了第三方逆向物流的合作协调模型并进行了网络开发研究，魏洁等研究了第三方逆向物流的回收均衡博弈模型。高阳等考虑需求的不确定，基于模糊三角数和模糊机会约束建立了利润最大化目标条件下的第三方逆向物流回收网络规划模型。

现有研究的不足：

（1）研究方法上，定性研究较多，且没有考虑到低碳背景下 WEEE 第三方逆向物流的运作模式。定量研究中建立的 WEEE 第三方逆向物流网络模型均为静态模型，采用的建模方法多为模糊决策模型，没有考虑到 WEEE 第三方逆向物流运作中回收数量等的不确定性。

（2）现有的 WEEE 第三方逆向物流网络模型建模时，参数及约束条件很少考虑低碳因素对模型的影响，这对于构建低碳化的 WEEE 第三方逆向物流网络来说是不够的。因此本书在现有文献研究的基础上，通过提取关键驱动因素并将其作为模型的参数或约束条件，基于鲁棒优化等不确定分析法构建 WEEE 第三方逆向物流的低碳网络模型，对 WEEE 第三方逆向物流企业的实践具有更好的指导作用。

1.3.3　WEEE 逆向物流低碳驱动因素

目前全球经济的发展面临能源匮乏、碳排放与温室效应严重两大问题，现有研究也证实了逆向物流行业的碳排放与温室效应之间存在一定的相关性。因此关于逆向物流的碳排放驱动因素如能源消耗、能源结构、经济发展、人口规模等越来越多地受到学术界的关注，且取得了不少的研究成果。

1.3.3.1　国外关于逆向物流低碳驱动因素的研究综述

关于逆向物流低碳驱动因素的研究，国外学者主要从逆向物流低碳化的必要性、逆向物流的作业环节低碳化以及管理的角度进行了界定。如 Pan 等、Elhedhli 等、Abdallah 等、Sundarakani 分析了逆向物流碳排放与运输工具、运输距离、运输成本之间的关系，并分别建立了碳排放量最小的逆向物流网络规划模型和最优配送路径，结论均显示，合理有效的动态逆向物流网络能对逆向物流的碳排放起到明显的抑制作用，这也为 WEEE 逆向物流网络的优化设计提供了必要的研究基础。

另外，从定性的角度看，Ramudhin 等提出在设计 WEEE 逆向物流网络时，不仅要考虑网络本身的碳排放，同时要考虑社会和环境的碳排放承受力，因此减少 WEEE 逆向物流网络的碳排放需要逆向物流回收商与社会其他参与者分工协调。Mallidis 等、Chaabane 等、Harris 等研究发现，WEEE 逆向物流网络的低碳化目标与利润最大化目标并不矛盾，而是共生共存的关系，这为 WEEE 逆向物流网络的低碳化运作提供了理论依据。Piattelli 等、Hoen 等、Benjaafar 等认为，碳税对 WEEE 逆向物流行业的碳排放抑制作用不明显，降低 WEEE 逆向物流碳排放的最有效方法是提升电器电子的绿色制造和物流设施的低碳化作业。还有学者指出，WEEE 逆向物流低碳化的环境衡量指标为碳税总量、碳排放总量、碳排放权交易三个因素。

从 WEEE 逆向物流低碳化的必要性来看，Geyer 等、Neto 等、Goel 分别从微观企业的角度对 WEEE 逆向物流的低碳化进行分析，提出 WEEE 逆向物流需要同时兼顾经济效益和环境效益，这样才能真正实现 WEEE 逆向物流的回收价值。Linton 等、Srivastava 等认为，WEEE 低碳逆向物流的驱动因素有两个，即 WEEE 产品的回收数量、WEEE 产品的再制造率，并且从提高资源利用率、降低能源消耗强度、实现可持续发展等方面对 WEEE 逆向物流的效益进行了研究。

1.3.3.2 国内关于逆向物流低碳驱动因素的研究

国内许多学者从低碳物流的内涵、概念、特征、路径等方面对低碳物流进行了研究，如高辉、范璐、段向云、李碧珍等探讨了低碳物流的发展背景和发展路径。姜彤彤研究了低碳物流的研究方向，提出了发展低碳物流的相关建议。张沈青研究了低碳物流的流程和运作模式。覃扬彬分析了北部湾经济区低碳物流的发展路径。李晓妮从政府的角度研究了如何实现逆向物流的低碳发展。陈煜应用博弈论的方法对逆向物流低碳驱动因素进行了分析，结果表明，可以通过多方博弈实现逆向物流的低碳均衡发展模式。潘双利等从微观角度对低碳物流进行了研究，提出了区域范围内的低碳物流发展对策和发展路径。

通过逆向物流网络的优化设计来控制碳排放是提高逆向物流低碳效

率的有效途径。李进等以碳排放量和成本最优为目标建立了不确定环境下模糊多级低碳逆向物流网络模型。张汉江等利用博弈模型研究了逆向物流低碳化的政府行为及与逆向物流企业合作的决策分析，为逆向物流企业如何实现低碳物流提出了建议。李丽基于模糊物元结构设计了由低碳物流环境、低碳物流实力、低碳物流潜力、低碳物流能力四个一级指标组成的低碳物流能力评价指标体系，提出了应该通过提高物流效率、改善物流网络来实现低碳物流。汤中明等采用实证分析的方法研究了物流业发展对低碳经济的影响，发现低碳经济的发展水平与物流业碳排放数量、单位 GDP 的物流成本呈显著性相关，且这两个因素是造成物流碳排放的主要原因。王富忠等利用 C-D 函数对物流业的能源消费进行了计量分析，认为改善能源结构、开发利用新能源和电力技术能有效地降低物流业的碳排放。伍星华运用 GST-ANP 模型研究了低碳物流服务商的选择。朱莉研究了低碳经济下物流优化设计的网络均衡模型和网络规划的关键因素，为研究低碳物流提供了方法基础。唐建荣、董峰等分别以低碳减排作为目标，基于 DEA 模型研究了物流业的效率问题，强调了引入低碳技术、调整能源结构是低碳物流发展的主要驱动因素。王珏青等综合考虑车辆行驶路程、运输载货量以及碳排放量，建立了碳排放最优的广义旅行商模型来寻找低碳目标下的最优配送路径。

关于 WEEE 第三方逆向物流的低碳运行，相关学者进行了比较系统深入的研究，其中以计量分析为主，得出的主要结论是经济发展、社会进步、人口规模、技术更新等是 WEEE 第三方逆向物流碳排放的主要驱动因素。Chung 等、York 研究发现，城镇化和人口迁移会显著提高碳排放总量。Liu 认为技术进步、经济结构调整会对碳排放起到抑制作用。Dalton 等发现年龄结构、家庭规模、城镇化率都会影响碳排放。Bloemhof 等、Goel 认为提高能源利用率、能源节约等可降低碳排放。徐国泉等、周德群等、王伟林等的研究结果显示，碳排放与能源结构、能源效率和经济发展关系密切，其中能源结构、能源效率对碳排放有抑制作用，经济发展对碳排放有拉动作用。王韶华等研究发现，人口规模、经济规模、产业结构对碳排放具有抑制作用，能源结构、能源消耗总量对碳排放具有推动作用。孙敬水认为，能源结构和产业结构的优化调整能有效抑制碳排放。卢愿清等研究发现，政府的环保力度、经济发展水平、科技发展、对外贸易依存度等均是低碳经济的主要指标。叶晓佳等将碳排放的主要驱动因素归纳为能源强度、经济增长速度、经济结构、人口规模四个方面，并提出了促进低碳经济发展的相关策略。田泽等将碳排放驱动因素归纳为生产部门和生活部门两个方面的 11 个具体指标，并进一步将这 11 个指标归为 5 个要素：经济规模和人口规模、经济结构、能源强度、能源碳排放强度、人均收入。王喜等将低碳驱动因素归纳为经济、社会、资源、其他四个方面，并提炼了 9 个具体指标。张洪武等将低碳驱动因素归纳为能源转换、能源效率、经济效率和经济规模四个方面，其中经济规模是促进因素，能源效率和经济效率是抑制因素。袁鹏等将碳排放驱动因素归纳为能源效率、能源替代、技术进步、国内最终需求、出口、进口六个方面。范丹认为，产业结构、经济产出、人口规模、能源绩效、能源强度、能源结构、能源技术进步是碳排放的主要驱动因素。

现有研究的不足：

（1）现有文献在确定逆向物流低碳驱动因素指标时，多是基于定性分析的研究方法，没有对指标的适用性进行数量分析，容易造成指标体系的主观性。本书在确定 WEEE 第三方逆向物流低碳驱动因素指标体系的研究中，除了用理论分析对指标进行筛选之外，还采用隶属度、相关性分析等定量分析方法对指标进行筛选，从而保证了指标体系的客观性和科学性。

（2）低碳驱动因素指标体系建立后，现有文献没有从指标的重要性和关键程度出发对指标进行关键因素分析，这样就无法把握主要的低碳驱动因素，从而无法制定相应的低碳政策。本书在现有研究的基础上，利用因子分析的方法对 WEEE 第三方逆向物流的关键低碳驱动因素进行识别，并进一步分析了这些关键驱动因素对 WEEE 第三方逆向物流碳排放的作用机理，为构建低碳视角下的 WEEE 第三方逆向物流网络提供了理论基础。

1.3.4 WEEE 逆向物流网络设计

　　早期关于 WEEE 逆向物流网络的设计，多采用定性的方法进行分类研究，随后考虑到 WEEE 逆向物流回收的不确定性，开始综合利用各种定量模型来进行网络的设计。如 Zhou、Bigum 等、Krikke 等、Kara 等、Pishvae 等、Ramezanian、Achillas 等、Patroklos 等、Shokohyar 等、Vahdani 分别从需求、回收等方面的不确定性考虑，基于经济、社会、环境三方面的约束条件建立了经济效益和环境效益最优的 WEEE 逆向物流多目标线性规划模型，并进行了算例分析来验证模型的可行性。Patroklos 利用系统动力学仿真的方法分析回收量、回收再制造率、环境影响程度等参数对 WEEE 逆向物流网络的扰动性。

　　国内文献在研究 WEEE 逆向物流网络设计时，考虑的目标是成本最优或是利润最大，考虑的目标函数是成本最小化或利润最大化，采用的建模方法多为模糊规划、线性规划、区间规划等。如桂云苗等、伍星华等、江兵等考虑回收数量的不确定性，以成本最优为目标建立了多周期正逆向物流集成运作的混合整数非线性规划模型。陈勇等以利润最大化为目标建立了多周期多目标的废旧家电逆向物流网络模型。周向红等以政府行为对逆向物流的影响作为参数，以社会效益、回收经济效益为目标，建立了多周期多目标的动态混合整数规划模型。毛海军等基于市场需求不确定、产品回收数量不确定，构建了 WEEE 逆向物流网络的成本最优的随机机会约束规划模型，采用混合智能算法对模型进行了求解。刘志峰等、朱海波考虑废旧电器电子产品回收数量、回收质量、产品再制造率等随机性，构建了正向和逆向物流网络的闭环供应链多目标规划模型，并通过算例说明了模型的有效性。

　　本书研究的 WEEE 逆向物流网络的最大难点是系统参数的不确定性，确定性模型不能准确反映 WEEE 逆向物流系统扰动对网络的影响。此外，对于 WEEE 逆向物流网络设计的模型也多采用的是线性规划模型或者是模糊综合评价模型，而对于不确定系统来说，线性模型很难符合相关的约束条件，因此非线性动态规划模型更适用于 WEEE 逆向物流的网络优化模型。鲁棒优化模型正是在这种情况下受到许多学者的认可，并应用于 WEEE 逆向物流的网络规划中。Pishvaee、Hasani、Mirzapour、Eisayed 等、Roghanian 等、Bardoss 等、Leung 等、Wei 等、Zhou 等针对 WEEE 逆向物流的不确定性建立了鲁棒优化模型，对逆向物流网络进行了优化设计。Suyabatmaz 等采用仿真模型对回收不确定下的 WEEE 逆向物流网络进行了优化设计。Lieckens 等综合考虑供应的不确定、处理时间的不确定、设备故障的不确定等，以利润最大化为目标设计了单产品多层次多线路的逆向物流网络优化模型，并采用微分进化算法对模型进行了求解。张英等研究了不确定环境下的 WEEE 逆向物流网络规划问题，采用鲁棒优化方法将不确定性转换为确定性的情境，并结合算例验证了模型的有效性。

从国内文献研究中可以发现，对 WEEE 逆向物流的网络优化，主要集中在模糊规划、随机规划、粗糙集规划等，然后设计合适的算法（如启发式算法）或者利用 LINGO、MATLAB 等软件对优化模型进行求解。但考虑低碳背景下的 WEEE 逆向物流网络设计与优化，目前相关文献涉及较少。本书注意到了这种情况，试图把低碳驱动因素作为参数，建立 WEEE 第三方逆向物流的网络优化模型，采用鲁棒优化方法对模型进行优化设计，如此建立的优化模型能够更加合理地揭示 WEEE 第三方逆向物流网络的不确定参数。

1.4 研究的主要内容

本书致力于探索 WEEE 第三方逆向物流的低碳驱动因素、碳排放与关键驱动因素的作用机理以及网络构建与优化，主要的研究内容如下：

（1）构建科学的 WEEE 第三方逆向物流的低碳驱动因素指标体系。WEEE 第三方逆向物流低碳驱动指标包括驱动力、响应力、发展潜力三部分内容。为使所构建的指标科学合理，本书严格按照指标体系的建立逻辑和流程构建指标体系，主要包括理论筛选和实证筛选两个环节。理论筛选环节，在文献分析法、频数统计法和头脑风暴法的基础上，遴选了 51 个指标，建立了初始的 WEEE 第三方逆向物流低碳驱动因素指标体系，该指标体系能最大程度地从理论上反映低碳物流驱动因素的内涵。指标体系的实证筛选环节，采用隶属度分析、相关分析等定量分析方法对构建的初始指标进行两轮实证筛选，最终形成了由驱动力、响应力、发展潜力三个一级指标和 16 个二级指标组成的 WEEE 第三方逆向物流低碳驱动因素指标体系。为进一步检验指标体系的科学性，在较小范围内进行了问卷调查，对问卷的信度和效度分别进行了检验，结果表明，该指标体系的信度和效度结果均具有较好的统计意义。

（2）对 WEEE 第三方逆向物流的关键低碳驱动因素进行识别。构建的指标体系均能较好地反映 WEEE 第三方逆向物流的低碳驱动因素，但其影响作用各不相同。因此基于因子分析的计量方法对指标进行量化分析，根据特征值大小或累计方差贡献率大小来确定公共因子，并对公共因子进行正交或斜交转换，最后计算公共因子和因子的综合得分，选择因子累计方差贡献率大于 60% 的指标作为关键驱动因素，用尽可能少的因子反映原始数据的大部分信息，最终识别出了 5 个 WEEE 第三方逆向物流的关键低碳驱动因素。

（3）采用回归方程模型分析 WEEE 第三方逆向物流碳排放与关键低碳驱动因子的作用机理。回归分析是定量分析因果关系的计量工具，本书基于变量的相关性分析、ADF 检验、平稳性分析、Johansen 协整检验以及回归分析，深入研究 WEEE 第三方逆向物流碳排放与关键驱动因素的关系，确定关键驱动因素对 WEEE 第三方逆向物流碳排放的影响弹性系数，为进一步揭示 WEEE 第三方逆向物流碳排放与关键驱动因素之间的长期均衡关系提供理论支撑。

（4）基于鲁棒优化方法建立低碳视角下 WEEE 第三方逆向物流网络模型。在遵循 WEEE 第三方逆向物流网络构建原则的基础上，分析 WEEE 第三方逆向物流网络的构成要素，以关键低碳驱动因素为参数，建立了确定环境下低碳 WEEE 第三方逆向物流网络模型；然后采用鲁棒优化方法建立了不确定环境下的 WEEE 第三方逆向物流网络模型，最后通过实证分析验证了模型的科学性和实用性，使得模型的可靠性更为显著。

1.5　研究方法与技术路线

为完成以上的研究内容，本书在数据收集和文献整理阶段综合采用多种研究方法，综合研究方法和研究内容，设计了本书研究的技术路线。

1.5.1　研究方法

1.5.1.1　文献分析法

在对逆向物流理论、低碳经济理论、循环经济理论等相关理论进行深入研究总结的基础上，结合碳排放驱动因素、关键驱动因素等大量现有文献的研究成果，设计了本书的研究内容和研究路线。此外，在确定初始的 WEEE 第三方逆向物流低碳驱动因素指标体系时，同样采用的是文献分析法和频数统计法等理论分析方法获取具体指标。

1.5.1.2　问卷调查法

在对 WEEE 第三方逆向物流低碳驱动因素指标体系建立的实证筛选阶段，隶属度的确定采用调查问卷的形式；指标体系的计量检验也采用问卷调查的方法，通过对问卷的信度和效度进行计量分析，确定指标体系的科学性。此外，在确定关键驱动因素的环节，在对问卷进行描述性统计和因子分析的基础上，获取了关键驱动因素。通过问卷调查法获取了大量真实数据，为碳排放与关键驱动因素的计量分析提供了重要数据。

1.5.1.3 计量分析法

对调查问卷，利用SPSS21.0计量软件分析其信度和效度，在此基础上进行因子分析。研究WEEE第三方逆向物流碳排放与关键驱动因素之间的作用机理时，采用LMDI因素分解法、相关性分析、平稳性分析、ADF检验、协整分析、回归分析等计量分析工具，深入剖析了碳排放与影响因子之间的数量关系及作用机理。

1.5.1.4 跨学科研究法

WEEE第三方逆向物流属于多学科研究，涉及理论经济学、管理学、生态学、计量经济学、运筹学等多学科门类，因此跨学科、多方法综合研究为认识这一新问题提供了可能的解决途径。在确定WEEE第三方逆向物流低碳驱动因素指标体系时，采用的是理论经济学、数理统计和管理科学等相关领域的研究方法；在探索碳排放与关键驱动因素之间的作用机理时，重点应用了经济学和计量经济学的研究方法；在构建WEEE第三方逆向物流网络时，重点应用了管理学、运筹学和最优规划方法等跨学科的研究方法。

1.5.2 技术路线

全书的技术路线如图1.5所示。

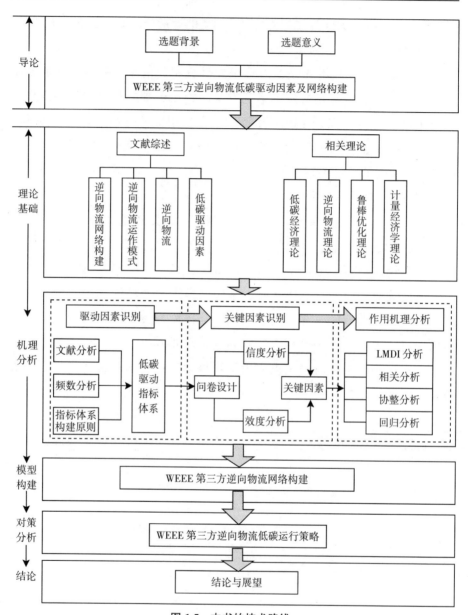

图 1.5　本书的技术路线

2　相关基础理论

2.1　WEEE 逆向物流

2.1.1　WEEE 逆向物流的概念

2.1.1.1　逆向物流的含义

美国后勤管理协会（Council of Logistics Management，CLM）2002 年对逆向物流的定义是：通过对生产原料、半成品、成品及其关联的信息进行计划、控制等管理行为，高效经济的从消费端到源点的过程，最终满足回收价值与合理处置的目的。逆向物流的内涵包括如下三方面：

（1）逆向物流的目的是重新获得废旧产品产生的使用价值，同时对废弃物采取适当的处理方式，尽可能地减少对环境的影响。

（2）逆向物流的流动对象是废旧电器电子产品、维修状态的产品、返修品、再制造产品以及相关环节的包装设施或容器。

（3）逆向物流的过程包括回收、分类检测、再制造、再销售、废弃处理等环节。

逆向物流流程如图 2.1 所示：

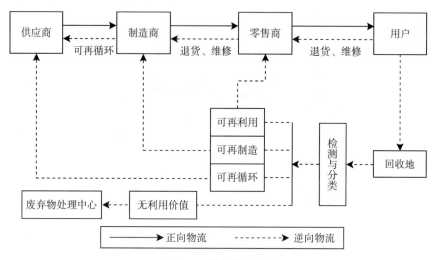

图 2.1　逆向物流流程

2.1.1.2　WEEE 的含义

WEEE（Waste Electrical and Electronic Equipment）是废旧电器电子设备的简称，是指超过了电器电子产品的使用年限和保质期，或是因各种原因无法继续使用，失去了原来价值需要进行处理的产品。WEEE 逆向物流最早产生于欧盟，为了规范这类产品的回收，欧盟专门设立了独立运行部门（WEEE Directive）和运行规则对其进行监管。

欧盟公布的十大 WEEE 产品包括大型家用电器、小型家用电器、IT 及通信设备、消费类设备、照明设备、电器电子设备、电动玩具及健身器材、医疗设备、电子监控设备、其他设备。此外，WEEE 产品不仅包括最终产成品，而且包括使用过程中拆解出现的各种成品，如零部件以及各类的包装材料等。在英国，2015 年产生的 WEEE 废弃物达 200 万吨，其中排名前十位的 WEEE 废弃物如表 2.1 所示。

2.1.1.3　WEEE 逆向物流的概念

根据《中华人民共和国国家标准物流术语 2001》对废弃物逆向物流的定义，本书将 WEEE 逆向物流定义为：将已经失去了原来的使用价值的电器电子产品，在对其进行回收时进行集中分类，根据实际情况采取直接再利用、维修再利用、零部件再使用、回收再利用、废物填埋等处理

表 2.1　欧盟 WEEE 类型排名

排名	WEEE 大类	WEEE 小类
1	大型家用电器	冰箱、大型炊具、微波炉、洗衣机、洗碗机
2	小型家用电器	吸尘器、电熨斗、面包机、时钟
3	IT 及通信设备	电脑、打印设备、移动电话、电子通信设备
4	消费性设备	收音机、电视机、音响设备、摄像机、电子乐器
5	照明设备	荧光灯管、高强度气体放射灯
6	电器电子设备	电钻、电锯、缝纫机、电动割草机
7	电动玩具及健身器材	电动火车、电子游戏机、跑步机
8	医疗设备	透析仪、分析器、医疗冰柜、其他医疗器械
9	电子监控设备	烟雾探测器、恒温器、热感应器械
10	其他设备	点钞机

方式，经过集中处理、分类、运输、仓储、装卸搬运等物流活动使产品重新进入市场的活动过程，以及对这一过程的计划、组织、协调和控制的过程。

2.1.2　WEEE 逆向物流的流程

2.1.2.1　国外 WEEE 逆向物流的流程

国外 WEEE 逆向物流的运作流程如图 2.2 所示。可以看出，国外对 WEEE 的回收是从分类回收开始，然后对回收的 WEEE 进行合理拆解，对人体或环境有害的则实现无害化处理，有利用价值的则进入再制造环节进行再制造或循环利用，最后将新制成品在市场进入上销售，整个过程实现了效益的最大化和污染的最小化。

从 WEEE 逆向物流的流向来看，是从供应链末端取得的、进行回收并进一步合理利用的、沿着供应链反向流动的废旧电器电子产品，这些产品经过回收汇集，到达回收处理中心，最终到达回收处理企业，整体的流向不同于电器电子产品的正向物流渠道。

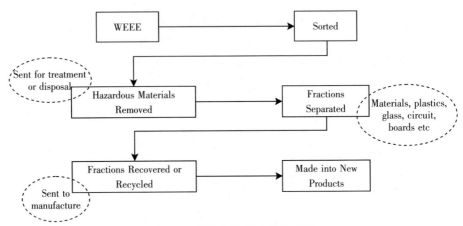

图 2.2 国外 WEEE 的运作流程

从 WEEE 逆向物流的目的来看，是以循环经济和低碳经济为背景，以渠道管理为核心，对整体的回收网络进行科学规划，实现逆向物流过程的低碳化，同时促进废旧电器电子产品的合理处置，再次获得使用价值。对于没有回收价值的 WEEE 产品，进行合理的废弃物处置，最大化地减少对环境的污染。

2.1.2.2　国内 WEEE 逆向物流的流程

WEEE 产品逆向物流的运作流程主要包括三方面：WEEE 产品回收、WEEE 产品检测与分类、WEEE 产品处理。从 WEEE 逆向物流活动的构成来看，包括对 WEEE 产品的回收、检测、分类、维修翻新、再制造、再生利用、最终废弃处理等多种形式。

WEEE 产品的回收是设立一定数量的回收站点，通过各种方式将 WEEE 产品从消费者手中进行汇集，然后将回收站点集中的 WEEE 产品运输至回收中心的过程。这一阶段是 WEEE 逆向物流的开始环节，处于 WEEE 逆向物流链的最前端，这一阶段存在着 WEEE 产品回收数量不确定的问题，也存在回收处理模式的选择问题。

WEEE 产品的检测与分类出现于回收中心内部的运作阶段，是 WEEE 逆向物流活动中的一个重要环节。由于 WEEE 产品的质量差异很大，有些是已经报废的产品，有些是可以再使用的旧家电，因此根据产品质量不同进行等级分类，不仅可以减少仓储成本，还为下一环节的分类处理带来很大的便利。检测的结果为后续的处理环节提供了条件。

检测分类后的 WEEE 产品大致可分为三类：可继续进入销售渠道的 WEEE 产品、不能进入销售渠道但具有可利用资源的 WEEE 产品、无任何利用价值的 WEEE 产品。这三类产品主要的处理方式有以下四种：

（1）维修。对非核心零部件已损坏的 WEEE 产品进行维修或更换零部件，恢复家电的正常功能，然后可直接流入二级市场进行销售，其基本流程为"回收—检验—维修"。

（2）再制造。这一过程指的是保持产品的原有特性，通过拆卸、维修、替换等工序使回收产品恢复到新产品的状态。对无维修价值的 WEEE 进行拆解，获得性能上比较完好的零部件，与其他零部件一起再制造成新的电器电子产品，恢复这些零部件的使用价值。其基本流程为"回收—检验—分拆—再加工"。

（3）再生利用。对拆解完并将可用零部件取走后剩余的原材料部分可以进行再生利用，生产出新的原材料并重新被利用到家电制造中或制造成其他产品，其基本流程为"回收—检验—分拆—再利用"。

（4）废弃处理。对拆卸后没有任何利用价值的产品，则进行废弃填埋处理。对无价值或严重危害环境的 WEEE 产品整机、零部件以及原材料，通过机械处理、地下掩埋或焚烧等方式进行报废处理，以减少对环境的污染。

WEEE 逆向物流流程如图 2.3 所示。

2.1.3　WEEE 逆向物流网络类型

目前逆向物流网络类型大体上可以分成三类：生产商回收模式、联合经营模式和第三方回收模式。

2.1.3.1　生产商回收模式

逆向物流的生产商回收模式指生产企业建立独立的逆向物流体系，

自己管理退货和废旧物品的回收处理业务。WEEE 逆向物流生产商回收
模式如图 2.4 所示。

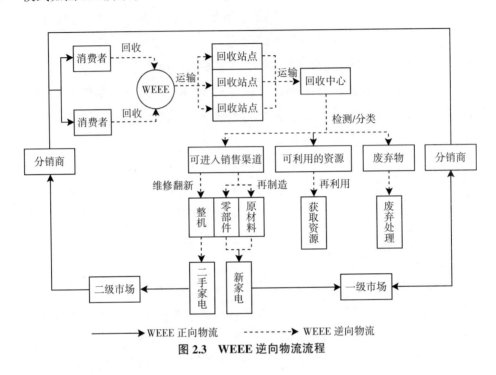

图 2.3　WEEE 逆向物流流程

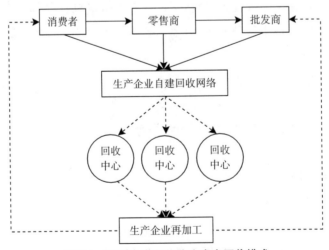

图 2.4　WEEE 逆向物流生产商回收模式

在这种回收模式下，企业不仅重视产品的生产销售，还重视产品在消费后的废旧物品的回收和处理。企业建立自己的逆向物流网络，目的是回收各种回流物品，并将其送到企业的回流物品处理中心进行集中处理，从而产生各种潜在的经济收益。

2.1.3.2　联合经营模式

逆向物流的联合经营模式指生产相同产品或者相似产品的同行业企业进行合作，以合资等形式建立共同的逆向物流系统，为各合作企业甚至非合作企业提供逆向物流服务。WEEE 逆向物流的联合经营模式如图 2.5 所示。

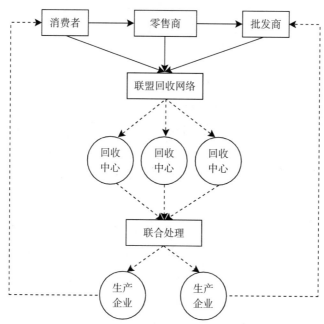

图 2.5　WEEE 逆向物流的联合经营模式

建立联合逆向物流系统需要许多条件，其中一条是需要有政府的支持以及各合作方的相互信任。WEEE 逆向物流的联营模式不仅可减轻单个企业在建立逆向物流系统上的巨额投资压力，具有专业技术优势，容易实现规模经营，还可为各合作企业提供廉价原材料，保证各企业运作过程中的原材料来源，实现企业间合作共赢。

2.1.3.3 第三方回收模式

逆向物流的第三方回收模式指生产企业通过协议形式将其回流产品的回收处理业务，以支付费用等方式交由专门从事逆向物流服务的企业负责实施。第三方回收模式是应用最广泛的一种 WEEE 逆向物流运作模式，其优点如下：

（1）提高生产企业的核心竞争力。采用 WEEE 第三方逆向物流模式，可以使生产企业的业务流程进一步优化，生产企业可以把主要的精力和资源集中于自己的核心业务上，从而形成生产企业的核心竞争力。另外，将非核心业务的 WEEE 逆向物流进行外包，同时与外包企业建立长期的合作共赢关系，也是提高企业效益和竞争力的重要战略。

（2）增强 WEEE 第三方逆向物流企业的专业优势。WEEE 第三方逆向物流企业是专门从事逆向物流的企业，专业化、业务水平、管理能力均优于普通的生产企业。WEEE 第三方逆向物流企业可以根据不同委托方的特点，提供专业的 WEEE 逆向物流解决方案，体现管理和运作的专业化。同时，WEEE 第三方逆向物流企业还可以对回收的 WEEE 产品进行专业的收集、拆解、分类、再制造、仓储与运输等，既提升了 WEEE 第三方逆向物流企业的经济效益，又最大程度地降低了对环境和生态的影响。

（3）降低委托企业的成本。普通的生产企业和零售企业不具有 WEEE 回收的渠道，如采用 WEEE 逆向物流的自营模式，无疑会投入大量的人力、物力和财力，造成生产企业的成本大幅增加；另外，由于运作的非专业化，会导致生产企业产生潜在的风险。在这种情况下，专业化的第三方逆向物流企业就会受到生产企业的重视，也只有与之合作，才能降低企业的成本，同时保持生产企业本身的核心竞争力。

（4）增强 WEEE 第三方逆向物流企业的竞争优势。WEEE 第三方逆向物流企业具有专业的管理方法和专门的管理人员，同时具有强大的逆向物流信息网络和信息渠道，这些正是 WEEE 第三方逆向物流企业的核心竞争力。通过与委托企业的合作，不但可以解决委托企业的逆向物流管理问题，还能够指导委托企业的逆向物流业务，通过专业化的服务能力、可靠的服务水平来进一步增强其核心竞争力。

WEEE 逆向物流的第三方回收模式如图 2.6 所示。

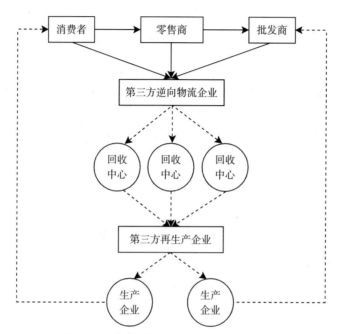

图 2.6　WEEE 逆向物流的第三方回收模式

2.2　低碳经济

2.2.1　低碳经济的内涵

随着全球经济快速发展，环境污染和温室气体大量排放，并迅速成为全球经济增长的瓶颈。为打破这一发展瓶颈，需要重新思考经济发展模式，低碳经济正是在这种背景下产生和出现的。

2003 年英国政府发表题为《我们未来的能源——创建低碳经济》的能源白皮书，白皮书里首次提到了"低碳经济"的概念，指出"低碳经济是通过更少的自然消耗和更少的环境污染，获得更多的经济产出，是创造更好的生活标准和更好的生活质量的途径与机会，也为发展、应用先进技术创造了机会，同时也能创造新的商机和更多的就业机会"。

低碳经济概念的出现迅速引起了国际社会的广泛关注和积极响应，许多国家纷纷从更少的自然消耗、更少的环境污染、更多的经济产出等各方面对低碳经济进行深入研究和实践，德国、意大利、芬兰等欧盟国家迅速开展了各种低碳经济的发展行动，倡导绿色消费、绿色出行、产品循环利用等低碳生活方式。美国和日本等发达国家也纷纷进行了低碳经济的建设活动。

2007 年"巴厘路线图"协议的达成为低碳经济的发展提供了更为广阔的国际发展空间，由此出现了全球经济发展的大转型和全球保护环境的局面。2009 年末，哥本哈根气候大会进一步掀起了全球各个国家以及各类非政府组织对低碳经济的倡导和认同，使得低碳经济成为全球经济发展的共识。

所谓低碳经济是指在绿色发展、协调发展、循环经济和可持续发展等各种新型发展理念的指导下，在产品创新、工艺流程创新、产业结构优化升级、体制创新、清洁能源的开发利用、低碳消费理念普及等各种手段和方法的基础上，通过降低传统矿石能源的使用比例和提高能源的利用效率，来最大限度地减少温室气体的排放，实现经济发展的同时环境影响最小，达到经济发展与生态发展共赢的和谐局面。低碳经济是一种全新的经济增长方式和经济发展理念，是人类在反思传统高污染、高耗能的经济发展模式、追求经济社会的全面协调可持续发展过程中选择的经济发展模式，可以说它的出现是必然的，并且正在引领着经济发展的转型升级和生态文明的持续推进。

2.2.2 低碳经济的特征

低碳经济是一种全新的经济发展理念和经济增长模式，涉及生产模式、生活方式、价值观念等各方面的变化，具有如下特征：

2.2.2.1 具有市场规律

低碳经济的出现和发展是人类社会及经济发展模式的必然选择，是严格遵守市场规律的，因此低碳经济是按照市场的需求供给原理来运行的，人类无法对其进行干预，且低碳经济发展的目标是实现经济福利的最大化，即人类的生活水平提高以及社会的文明进步。

2.2.2.2 以科技进步为依托

实现低碳经济，需要各种新的技术和工艺的出现，因此需要依靠科技进步来实现低碳经济的发展。通过技术进步，生产的各类产品均易于回收再利用，同时降低了对能源的消耗，可以有效抑制温室效应。这样才会实现经济福利的最大化。

2.2.2.3 以人与自然和谐发展为目标

低碳经济通过各种技术手段和创新促进其发展，同时由市场对其进行调节，加之政府的宏观调控，从而在保证经济发展、生态文明、社会进步的同时真正实现人与自然的和谐发展。

2.2.3 低碳经济的构成要素

2.2.3.1 低碳能源

低碳经济的核心是低碳能源的使用。传统的化石能源属于高污染、高排放、高耗能的能源，不可避免地会出现温室效应及全球变暖，要打破这一不良局面，需要对能源利用进行升级，在能源使用和结构上更注重低污染、低排放、低能耗、高能效的低碳发展理念，因此需要改变现有的能源结构。以可再生能源、风能、核能、太阳能等清洁能源和生物能源的利用为起点，逐步改变现有能源结构的现状，真正实现能源的"高碳"向"低碳"转型升级，实现低碳经济发展的目标。

2.2.3.2 低碳技术

低碳技术是低碳经济发展的动力源。低碳技术涉及面广，在产品的加工制造、低碳能源的开发利用、低碳产业的转型升级、低碳新方法的开发利用等各方面均有明显的体现。依靠科技进步提升低碳技术的发展水平，将这些低碳技术进一步应用于经济发展，就会形成经济发展的强大推动力，直接促使经济结构的优化和转型升级。

2.2.3.3 低碳产业

低碳产业是低碳经济发展的载体。低碳产业的发展也不是一次性的，需要根据低碳经济的发展层次逐渐完善和转型，低碳产业在经济增长中的比例提高，就会使经济增长的质量明显提升，这样会催生新的低碳产业出现，加上低碳技术的普及和创新，共同作用于新的低碳产业，势必提高经济增长的质量和速度，更好地实现人与自然和谐发展。

2.2.3.4 低碳管理

低碳管理是低碳经济发展的保障。低碳管理涉及社会的方方面面，比如低碳宣传力度、低碳意识普及、法律法规的完善、创新体系的完善、技术进步的政策支持、低碳能源的开发力度等，所有的这些低碳管理理念和方法均是低碳经济发展的保障，为低碳经济的进一步发展提供了更好的空间和环境。

2.3 鲁棒优化理论

鲁棒优化是内部结构和外部环境不确定环境下的一种新的优化方法，描述这些不确定性的方法是通过离散的情景或连续的区间范围，它的目的是能够找到一个近似最优解，这个近似最优解能够对任意的不确定性参数的观测值不敏感。鲁棒优化通过鲁棒性和传统目标函数的权衡，兼顾鲁棒性和成本。鲁棒优化方法作为一种处理不确定问题的强有力工具，已经在众多领域得到成功的应用。

鲁棒优化方法与其他处理不确定性优化问题方法相比，有如下特点：

（1）鲁棒优化着重强调所谓的硬约束，其不确定性优化问题的解，对任一个可能参数的实现都一定是可行的，然而其他解决不确定性优化问题的方法并没有这个要求。

（2）鲁棒优化的建模思想与其他优化方法不同，其以最坏情况下的优化为基础，得到的优化方案并不是最优的，但当参数在给定的集合范围内发生变化时，仍然能够确保优化方案的可行性，这一保守观点使得模型具备一定的鲁棒性。

（3）鲁棒优化对不确定参数并没有要求给出确定的分布，只需要给出一定的不确定参数的集合，不确定参数集内的所有值都一样重要。

2.3.1　基于情景的鲁棒优化

引入权重系数分别为决策者的风险偏好系数及约束背离的惩罚系数，以控制模型的鲁棒性和解的鲁棒性，基于情景的鲁棒优化的解对不确定参数具体观测值非常灵敏。

考虑如下的线性规划：

$$\min cx+dy$$

$$s.t. \begin{cases} Ax \leqslant b \\ Cx + Dy = E \\ x,\ y \geqslant 0 \end{cases}$$

式中，x 为设计变量，其最优值不依赖于不确定参数，y 表示一旦不确定参数被观察到时可以调整的控制变量，控制变量的最优值既依赖于不确定参数的实现，又依赖于设计变量的值。第一个约束表示不受不确定性影响的设计约束，另一个约束表示其系数可能受到不确定性限制的控制约束。

定义： $\Omega = \{1, 2, \cdots, s, \cdots, S\}$ 为不确定性的情景集合，令每个情景发生的概率为 p_s，有 $\sum\limits_{s=1}^{S} p_s = 1$。令 $\delta_s = cx + d_s y_s$，于是上述的鲁棒模型可表述为：

$$\min \sum_{s \in \Omega} p_s \delta_s$$

$$\text{s.t.} \begin{cases} Ax \leq b \\ C_s x + D_s y_s = E_s, \ s \in \Omega \\ x \geq 0, \ y_s \geq 0 \end{cases}$$

令 $Y = \{y_1, y_2, \cdots, y_s\}$ 是每个情景的控制变量，给定不同情景的实现，不能保证控制约束总是能满足的，于是引入误差变量 $I = \{\eta_1, \eta_2, \cdots, \eta_s\}$ 来度量 $s \in \Omega$ 情景下控制约束中的不可行性，这样鲁棒优化模型进一步表示为：

$$\min \sum_{s \in \Omega} p_s \delta(x, y_1, y_2, \cdots, y_s) + \omega \sum_{s \in \Omega} p_s(\eta_1, \eta_2, \cdots, \eta_s)$$

$$\text{s.t.} \begin{cases} Ax \leq b \\ C_s x + D_s y_s + \eta_s = E_s, \ s \in \Omega \\ x \geq 0, \ y_s \geq 0 \end{cases}$$

目标函数中的第一项度量解鲁棒性，指对于任何一个情景 s 的实现，模型的解都接近最优；第二项度量模型鲁棒性，是指对于任何一个情景的实现，模型的解都"几乎"可行。ω 是一个加权系数，用以度量模型鲁棒性与解鲁棒性之间的相对重要性。鲁棒优化模型允许不可行解的出现，实际上是考虑决策者偏好的情况下，获得目标函数最优方案。

引入权重系数 λ 和风险偏好系数 ω，定义每种情况下的目标函数如下：

$$\sum_{s \in S} p_s \delta(x, y_1, y_2, \cdots, y_s) = \sum_{s \in \Omega} p_s \delta_s + \lambda \sum_{s \in \Omega} p_s \left| \delta_s - \sum_{s' \in \Omega} p_{s'} \delta_{s'} \right| + \omega \sum_{s \in \Omega} p_s \eta_s$$

为了规范化模型，采用 Yu 和 Li 提出的方法去掉模型中的绝对值符号。

定理： 对于最小化问题：

$$\min = |f(x) - g|, \quad x \in F$$

式中，F 为一可行集，可以用如下的模型进行转化：

$$\min z = f(x) - g + 2\delta$$

$$s.t. \begin{cases} g - f(x) - \delta \leqslant 0, \ \delta \geqslant 0 \\ x \in F \end{cases}$$

利用定理的结果对模型进行转化，得到最终的鲁棒优化模型为：

$$\min \sum_{s \in \Omega} p_s \delta_s + \lambda \sum_{s \in \Omega} p_s \left[\left(\delta_s - \sum_{s' \in \Omega} p_{s'} \delta_{s'} \right) + 2\theta_s \right] + \omega \sum_{s \in \Omega} p_s \eta_s$$

$$s.t. \begin{cases} \delta_s - \sum_{s' \in \Omega} p_{s'} \delta_{s'} + \theta_s \geqslant 0, \ \theta_s \geqslant 0 \\ Ax \leqslant b \\ C_s x + D_s y_s + \eta_s = E_s, \ s \in \Omega \\ x \geqslant 0, \ y_s \geqslant 0 \end{cases}$$

2.3.2　基于集合的鲁棒优化

鲁棒优化：

$$\max f = c^T x$$

$$s.t. \begin{cases} Ax \leqslant b \\ u \leqslant x \leqslant v \end{cases}$$

令 J_i 是系数矩阵 A 第 i 行所有不确定参数 a_{ij} 的列下标 j 所组成的集合，对于每个不确定 a_{ij}，$j \in J_i$ 可以看作是一个有界对称的随机变量 $\tilde{a}_{ij}$，其中：

$$\tilde{a}_{ij} \in [a_{ij} - \hat{a}_{ij}, \ a_{ij} + \hat{a}_{ij}]$$

a_{ij} 代表名义值。引入参数 $\Gamma_i (\Gamma_i \in [0, |J_i|])$ 用来灵活调整解得保守性水平，这样得到的鲁棒最优模型为：

$$\max f = c^T x$$

$$\text{s.t.} \begin{cases} \sum_j a_{ij}x_j + \max_{\substack{S_i \cup \{t_i\}|S_i \subseteq J_i \\ |S_i|=[\Gamma_i] \\ t_i \subseteq J_i \setminus S_i}} \left\{ \sum_{j \in S_i} \hat{a}_{ij}y_j + (\Gamma_i - [\Gamma_i])\hat{a}_{ij_i}y_{j_i} \right\} \leq b_i \\ -y_j \leq x_j \leq y_j, \quad u \leq x \leq v, \quad y \geq 0 \end{cases}$$

令：

$$\beta_i(x^*, \Gamma_i) = \max_{\substack{S_i \cup \{t_i\}|S_i \subseteq J_i \\ |S_i|=[\Gamma_i] \\ t_i \subseteq J_i \setminus S}} \left\{ \sum_{j \in S_i} \hat{a}_{ij}y_j + (\Gamma_i - [\Gamma_i])\hat{a}_{ij_i}y_{j_i} \right\}$$

则 $\beta_i(x^*, \Gamma_i)$ 等价于下面的规划问题：

$$\max \beta_i(x^*, \Gamma_i) = \sum_{j \in J} \hat{a}_{ij}|x_j|z_{ij}$$

$$\text{s.t.} \begin{cases} \sum_{j \in J} z_{ij} \leq \Gamma_i \\ 0 \leq z_{ij} \leq 1, \quad \forall j \in J_i \end{cases}$$

相应的鲁棒优化对等模型为：

$$\max c^T x$$

$$\text{s.t.} \begin{cases} \sum_j a_{ij}x_j + z_i\Gamma_i + \sum_{j \in J} p_{ij} \leq b_{ij} \\ z_i + p_{ij} \geq \hat{a}_{ij}y_j \\ -y_j \leq x_j \leq y_j, \quad u_j \leq x_j \leq v_j \\ p_{ij}, y_j, z_i \geq 0, \quad \forall i, j \in J_i \end{cases}$$

Bertsimas 等证明了基于集合的鲁棒优化模型可以写成一个二阶锥优化问题，通过锥优化方法，可以将不确定模型转化为线性规划模型，从而可以利用相应的方法进行求解。

2.3.3　鲁棒优化模型的建模步骤

（1）建立系统理论优化模型；

（2）确定不确定参数；

（3）建立不确定优化模型；

（4）转化为鲁棒对等问题；

（5）根据不确定参数集的选择情况，对转化后的确定性优化问题进行求解。

3 WEEE 第三方逆向物流发展现状

随着人民生活水平的提高，越来越多的电器电子产品进入报废的高峰期。废弃电器电子产品不仅具有资源性，同时具有潜在的环境危害性。与传统的再生资源相比，废弃电器电子产品是一类新兴的再生资源，符合循环经济和可持续发展的理念。

3.1 国外发展现状

3.1.1 运作环境

废旧电器电子包含多种不同的物质，其中有许多对人体及环境有害，若处理不当，就会造成相当大的环境和健康风险。此外，新的电器电子设备需要用到许多不可再生的稀缺资源，将这类稀缺资源回收再利用，对于促进循环经济发展、提高资源效率至关重要。因此废旧电器电子的存在也为循环经济和资源再利用提供了大量的空间。在欧盟，废旧电器电子（WEEE）的年增长幅度较大，平均以 3%~5% 的速度增长。

为有效地对废旧电器电子进行回收，欧盟议会及欧盟委员会先后出台了多项运作标准，第一个关于 WEEE 的运作标准为 Directive 2002/96/EC on WEEE（废旧电器电子设备指令），该标准于 2003 年 2 月 13 日正式实施。标准规定纳入有害物质限制管理和报废回收管理的有十大类 102 种产品，这一法规的目的是增加废旧电器电子产品的回收率及再利用率。

Directive 2002/96/EC on WEEE 在运作中出现了如下问题：回收企业未注册登记，废旧电器电子产品处理方式不恰当，无利用价值的废弃物未进行无害化处理，等等。因此，2008 年 12 月 3 日，欧盟发布了 WEEE 指令（2002/96/EC）的修订提案。本次提案的目的是创造更好的法规环境，使更多有资质的企业参与进来，更好地减少对环境的影响，同时对废旧电器电子的非法出口进行严厉的打击制裁。2014 年 2 月 14 日，欧盟正式实施新的 WEEE 指令——Directive 2012/19/EU。

此外，RoHS 是由欧盟立法制定的另一项强制性标准，它的全称是《关于限制在电器电子设备中使用某些有害成分的指令》（*Restriction of Hazardous Substances*）。第一项标准 RoHS Directive 2002/95/EC 于 2003 年 2 月实施。该标准的目的在于消除电机电子产品中的重金属如铅、汞、镉以及六价铬、阻燃剂，如多溴化联苯（PBB）和多溴联苯醚（PBDE），规范电器电子产品的材料及工艺标准，使之更加有利于人体健康及环境保护。2008 年 12 月 3 日，欧盟发布了 RoHS 指令（2002/95/EC）的修订提案，2011 年 7 月 1 日，欧盟在官方公报上发布了新版 RoHS 指令——RoHS recast Directive 2011/65/EU，并于 2013 年 1 月 3 日正式实施。

3.1.2　运作现状

通过获取国外 WEEE 数据的影印材料及调研获取等方法，笔者总结了 2007~2015 年欧盟国家的 WEEE 实际回收量、WEEE 理论回收量及 WEEE 市场总量相关数据，并将其用 Excel 软件绘制成图，结果如图 3.1~图 3.3 所示。

将回收量、处理量、市场总量的数据进行进综合对比，并进一步计算 WEEE 回收率和 WEEE 处理率，结果如图 3.4 所示。

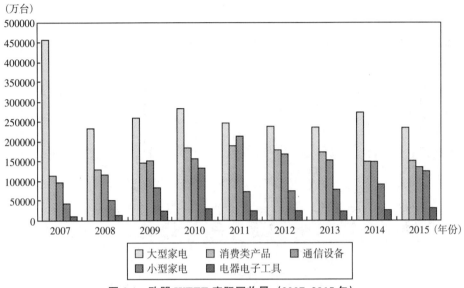

图 3.1　欧盟 WEEE 实际回收量（2007~2015 年）

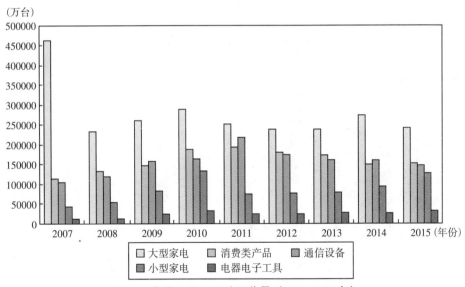

图 3.2　欧盟 WEEE 理论回收量（2007~2015 年）

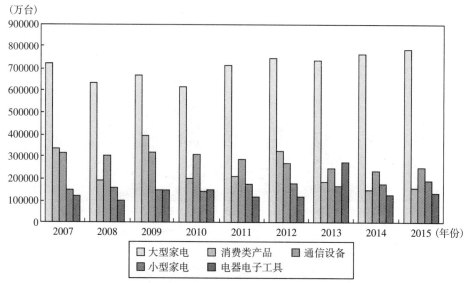

图 3.3 欧盟 WEEE 市场总量（2007~2015 年）

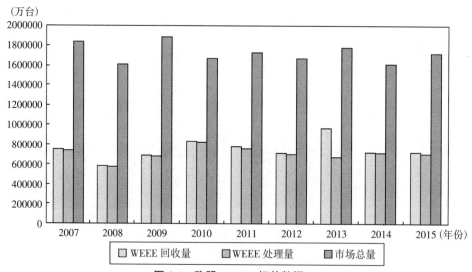

图 3.4 欧盟 WEEE 相关数据

将 WEEE 回收率和 WEEE 处理率进行比较，结果如图 3.5 所示。可以看出，欧盟 WEEE 的回收率始终保持在 40% 以上，WEEE 的处理率则保持在 40% 上下，回收的产品基本都进行了有效处理。2013 年，欧盟修改了新的 WEEE 产品处理规定，对 WEEE 的处理更加严格规范，使得该年 WEEE 的处理率与 WEEE 回收率有较大的差异，此后新技术的出现和设备更新，使得二者基本趋同。

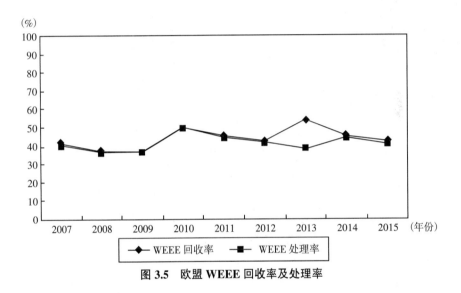

图 3.5 欧盟 WEEE 回收率及处理率

3.2 国内发展现状

我国废弃电器电子产品回收处理的管理包括再生资源和环境保护两个领域，涉及电器电子产品的绿色设计与制造、再制造、回收、处理、资源综合利用和处置多个环节。从人大立法、国务院《废弃电器电子产品回收处理管理条例》（以下简称《条例》），到主管部委的管理办法和规章，形成了比较完善的管理体系，如图 3.6 所示。

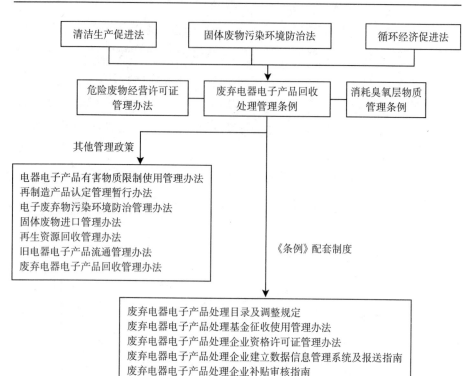

图 3.6　废弃电器电子产品回收处理管理体系

此外，国家还专门出台了一系列关于 WEEE 逆向物流的相关国家标准，使得 WEEE 在运作上更加标准化、程序化。部分 WEEE 回收相关标准如表 3.1 所示。

表 3.1　废弃电器电子产品回收相关国家标准

标准号	标准名称	实施日期
GB/T 31371–2015	废弃电器电子产品拆解处理要求——台式微型计算机	20151001
GB/T 31372–2015	废弃电器电子产品拆解处理要求——便携式微型计算机	20151001
GB/T 31373–2015	废弃电器电子产品拆解处理要求——打印机	20151001
GB/T 31374–2015	废弃电器电子产品拆解处理要求——复印机	20151001
GB/T 31375–2015	废弃电器电子产品拆解处理要求——等离子电视机及显示设备	20151001
GB/T 31376–2015	废弃电器电子产品拆解处理要求——液晶电视机及显示设备	20151001

标准号	标准名称	实施日期
GB/T 31377–2015	废弃电器电子产品拆解处理要求——阴极射线管电视机及显示设备	20151001
GB/T 32355.2–2015	电工电子产品可再生利用率评价值——第 2 部分：洗衣机、电视机和微型计算机	20160701
GB/T 32355.4–2015	电工电子产品可再生利用率评价值——第 4 部分：复印机和打印机	20160701
GB/T 32356–2015	电器电子产品可再生利用设计导则	20160701
GB/T 32355.1–2015	电工电子产品可再生利用率评价值——第 1 部分：房间空气调节器、家用电冰箱	20160701
GB/T 32357–2015	废电器电子产品回收处理污染控制导则	20160701

我国废弃电器电子产品回收行业有如下特征：

3.2.1 废弃电器电子产品处理数量持续上升

2015 年，废弃电器电子产品处理量约 7500 万台，近三年处理数量持续上涨（见图 3.7）。废弃电器电子产品处理总重量达到 165 万吨，处理

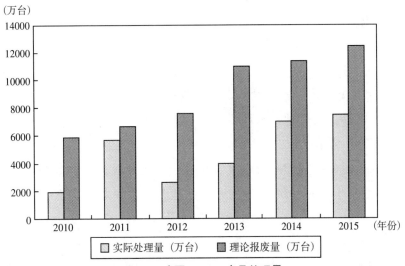

图 3.7 我国 WEEE 产品处理量

行业的资源效益和环境效益日益显现。2015 年处理企业实际处理量同比增长 6.84%，理论报废量同比增长 9.32%。

从绿色回收率（实际处理量与理论报废量之比）来看，2015 年 WEEE 产品的绿色回收率为 60.29%（见图 3.8），呈逐年递增趋势。

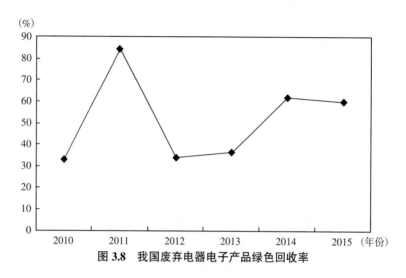

图 3.8　我国废弃电器电子产品绿色回收率

3.2.2　处理技术和效率显著提升

废弃电器电子产品处理量的不断增加，使处理企业的拆解处理技术和管理的需求不断提高。为了提高拆解效率，2015 年越来越多的处理企业改造拆解线，升级处理设备。随着处理企业的运营和发展，我国废弃电器电子产品拆解处理技术和装备在不断提升。

2015 年，我国 WEEE 产品年销量同比增长了 29%（见表 3.2）。

从绿色返回率（实际处理量与年销量之比）看，由于 2014 年的销量有小幅降低，致使 2014 年绿色返回率达到了新高峰，为 23.72%。2015 年我国废弃电器电子产品的绿色返回率为 19.59%，较 2014 年略有下降（见图 3.9），总体的绿色返回率呈上升趋势。但绿色返回率的比例较低，说明我国的 WEEE 产品回收和处理还存在极大的发展空间，这也证明了本书选题的应用价值。

表 3.2　2010~2015 年我国 WEEE 实际处理量和年销量

年份	2010	2011	2012	2013	2014	2015
实际处理量（万台）	1917	5633	2582	4000	7019	7500
年销量（万台）	27180	35164	28906	30773	29596	38280

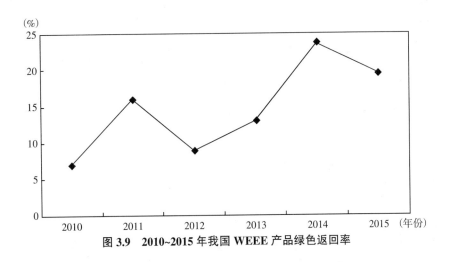

图 3.9　2010~2015 年我国 WEEE 产品绿色返回率

3.2.3　处理企业分化愈加明显

　　进入市场的处理企业越多，企业间竞争越激烈。2015 年我国 WEEE 处理企业相比 2014 年明显增加，特别是年处理量在 100 万~200 万台的企业（见图 3.10）。由于处理企业是依据核定后拆解数量获得补贴，处理企业要想获得更多的补贴，就需要大量的资金投入购买原料，且资金占用周期长。随着行业的发展，处理企业间原料的竞争变成了资金实力的竞争。据中国家用电器研究院调研，2015 年，不同企业产能利用水平分化较大，有的企业的产能利用率超过 100%，而有的企业不到 20%。一些资金实力不足的企业出现长时间甚至全年的停产现象，有些企业被兼并重组。

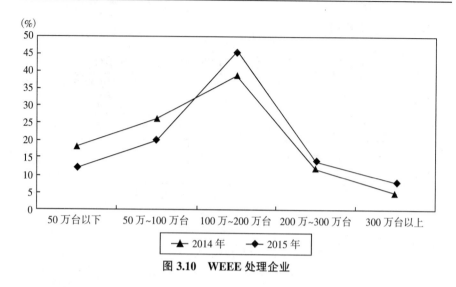

图 3.10　WEEE 处理企业

3.2.4　新型回收模式不断涌现

据中国家用电器研究院调研，2015 年个体回收者的回收渠道占比达到了 85.86%，可知我国初级回收渠道仍以个体回收者为主。随着《条例》的推动，越来越多的大型企业，例如生产企业、销售企业、维修企业、处理企业等将进入回收行业，多元化的回收模式已经出现。

4 WEEE 第三方逆向物流低碳指标体系的构建

WEEE 第三方逆向物流属于物流活动的重要组成部分，其运作过程中会对环境产生影响，要实现 WEEE 第三方逆向物流行业的低能耗、低排放、低污染、高效益，实现低碳经济的发展目标，需要对 WEEE 第三方逆向物流活动的低碳指标进行识别，从而能更好地找出关键的低碳驱动因子，实现 WEEE 第三方逆向物流行业的低碳发展和可持续发展。本章主要的任务是在指标体系构建的基本理论基础上，运用科学合理的指标选择方法和指标体系构建模型，建立 WEEE 第三方逆向物流低碳运行的指标体系，为后续关键低碳驱动因子的识别研究提供理论基础。

4.1 指标体系构建的思路

目前我国处于经济新常态的发展时期，创新、协调、绿色、开放、共享的新经济发展模式要求经济要实现循环、低碳发展。WEEE 第三方逆向物流顺应了时代潮流，体现了资源循环利用、经济社会协调发展的理念。但要实现这样的发展目标，需要从各方面实现 WEEE 第三方逆向物流的低碳运作。将各方面低碳运作的约束内容进行归纳抽象，就形成了指标，将所有指标进行综合分析，就形成了指标体系，因此 WEEE 第三方逆向物流低碳运行指标体系的构建是实现 WEEE 第三方逆向物流低碳运作的前提，也是识别关键低碳驱动因素的基础。

在 WEEE 第三方逆向物流指标体系的构建上，应重点侧重于低碳经济、生态经济、循环经济、可持续发展等各种新的经济发展模式的具体要求，将这些新经济发展模式的内涵与主要内容作为指标体系构建的重要部分。由于 WEEE 第三方逆向物流运作的不确定性，需要采用多种指标体系构建的方法，同时结合各种计量分析模型和工具对指标进行筛选。在构建指标体系时需要遵循指标体系构建的基本原则。

4.1.1 指标体系构建的逻辑

WEEE 第三方逆向物流低碳运行不是一个可以直接进行观察的范畴，而是一个抽象的概念范畴，要实现 WEEE 第三方逆向物流的低碳运行，需要对抽象概念进行具体化操作，常用的方法是利用各种指标和指标体系来进行具体化测量。

指标体系的构建过程是一个从抽象到具体的逻辑过程，也是一个从概念到实物的认识过程。WEEE 第三方逆向物流低碳运作指标体系构建的逻辑结构如图 4.1 所示。

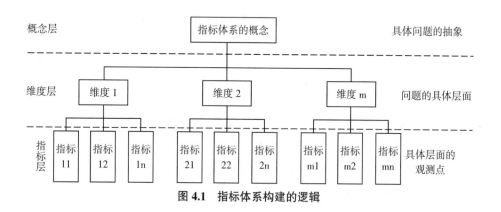

图 4.1　指标体系构建的逻辑

4.1.2　指标体系构建的流程

WEEE 第三方逆向物流低碳运行指标体系的构建包括指标的初步建立、指标的计量检验、指标的最终确定三个过程。指标的初步建立包括指标的理论筛选和指标的实证筛选，理论筛选的主要方法有频数统计法和头脑风暴法，它是指标确立的基本方法。实证筛选的主要方法有隶属度分析法和相关分析法，其目的是通过各种定量分析法对不符合定量结果要求的指标进行剔除。经过理论筛选和实证筛选后，将保留的指标进行信度分析和效度分析，检验保留的指标的稳定性和可靠性。具体的指标体系构建流程如图 4.2 所示。

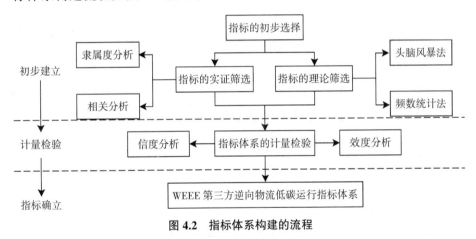

图 4.2　指标体系构建的流程

4.1.3　指标体系构建的原则

在进行 WEEE 第三方逆向物流低碳驱动因素识别时，必须以科学性、可操作性、定量与定性相结合、层次性的原则进行识别，严格按照科学理论进行因素的选取。具体的要求如下：

4.1.3.1　科学性原则

科学性原则是选择 WEEE 第三方逆向物流低碳驱动因素的基础和前

提，也就是说，驱动因素要准确地反映 WEEE 第三方逆向物流的碳排放，科学合理，同时保证选择的驱动因素的真实性和客观性，指标内容必须科学规范，不模棱两可。

4.1.3.2　可操作性原则

WEEE 第三方逆向物流低碳驱动因素一旦确定，就会应用于 WEEE 第三方逆向物流网络的构建中，因此要考虑数据的来源及可靠性，尽可能地做到易获取和可比较。主要体现在两个方面：第一，因素的选择具体明确，无误解和歧义。第二，驱动因素的选择能够被公众理解和接受，数据收集简单易行。

4.1.3.3　定量与定性相结合原则

WEEE 第三方逆向物流低碳驱动因素是多方面的，既有定性描述的，又有定量描述的，因此应将两种类型的因素结合，通过量化分析，全面反映 WEEE 第三方逆向物流的低碳驱动因素。

4.1.3.4　层次性原则

WEEE 第三方逆向物流低碳驱动因素多种多样，在选择驱动因素时，可以按照因素的重要程度，结合因子分析和主成分分析的方法，对驱动因素进行筛选，以最少的因子反映整体的特征，便于对主要的驱动因素进行有效的控制。

4.2　指标体系的理论筛选

理论筛选采用频数统计法和头脑风暴法筛选驱动因素。频数统计法是对目前反映 WEEE 第三方逆向物流低碳驱动因素的要素进行数理统计，通过频数分析选择使用频率较高的要素作为驱动因素。头脑风暴法是集思广益，通过各类参与人的实际经验或研究方向自主确定认为的 WEEE 第三方逆向物流低碳驱动因素。最后将这两种方法获得的指标进行集成，形成初步的 WEEE 第三方逆向物流低碳驱动因素指标体系。

4.2.1 频数统计法

频数统计法是对文献中提到的指标按照出现的频数进行统计，选择排名靠前的指标作为 WEEE 第三方逆向物流低碳运营的指标。如果某一指标出现的频数越大，说明这一指标的代表性越好，指标的测度效果越好，反之，则不具有代表性。这是一种简单的定量选择指标的方法。通过在中国知网搜索"低碳物流驱动因素"和"WEEE 第三方逆向物流"共检索文献 43 篇，将这 43 篇文献以及其引用的参考文献里反映 WEEE 第三方逆向物流低碳驱动因素的具体因素进行提取，对出现的驱动因素进行统计分析，发现出现频数前 40% 的驱动因素有 16 个，具体分析结果如图 4.3 所示。

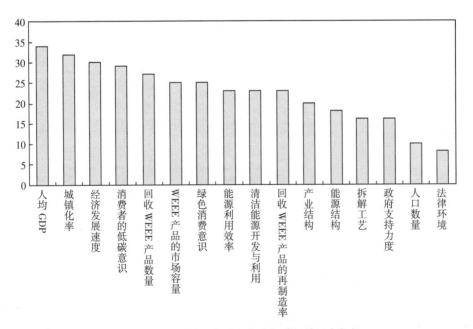

图 4.3 WEEE 第三方逆向物流低碳驱动因素频数

另外，将相关文献中提到的 WEEE 第三方逆向物流低碳驱动因素一一列出，进行问卷调查，要求被访者选择其中的相关因素，最后通过对问卷中某一因素的选择数量进行频数统计，得出问卷调查阶段的 WEEE 第三方逆向物流低碳驱动因素。共发放问卷 100 份，回收 94 份，有效问卷 90 份，问卷的回收率为 94%，有效率为 95.7%。回收问卷频数统计的具体结果如表 4.1 所示。

表 4.1　驱动因素出现频率

驱动因素	频数统计
WEEE 逆向物流产值	89
产业结构	77
回收的 WEEE 数量	71
企业品牌价值	60
WEEE 无害化处理率	54
WEEE 回收再制造率	47
领导者的环保意识	44
低碳物流人才的培养	43
WEEE 拆解工艺	40
低碳研发人员比例	39
WEEE 研发资本投入产出比	36
低碳运输工具的使用	35
能源结构	35
能源效率	35
清洁能源利用比例	33
WEEE 逆向物流的支持力度	32

4.2.2　头脑风暴法

头脑风暴法是在不指定具体要求的条件下，在相对宽松的环境中进行，其目的是全面启发人的思维和想象力，最大限度地收集更多、更广泛的信息。这一方法在具体使用时，可以采用集体讨论的办法，集思广益；也可以采用问卷的方法，让被访者按照自己的意志选择具体的指标，或是自己写出可能的指标。集体讨论的办法可以随时记录参加人员的意见，然后进行整理，形成讨论结果。采用问卷的方法需要对问卷进行回收，然后进行汇总处理，同时根据被访者的意见增加指标，形成头脑风暴法的指标。

本书在采用头脑风暴法进行指标的筛选时，将两种方法同时利用，有机结合。现场讨论时选择了 WEEE 逆向物流企业专家 5 人，环保行业专家 2 人，第三方物流企业专家 4 人，相近研究领域专家教授 5 人，管理科学与工程博士研究生 4 人，企业管理硕士研究生 2 人，非相关领域专家 3 人，形成了包括各行各业人士在内的 25 人讨论小组。每位专家可以提出自己的指标，并不受他人制约。从专家组的人员构成看，既能保证成员组成的全面性，又能保证讨论的实践性和客观性。

4.2.3 理论筛选的结果

频数统计法和头脑风暴法两种指标体系的理论筛选方法均得到了一定数量的指标，其中有些存在重复，将这些重复的指标进行合并，同时将剩余的指标进行总结归纳，初步得出了 WEEE 第三方逆向物流低碳运营的理论筛选的指标体系。初始指标体系总共有驱动力、响应力、发展潜力三大类 51 个具体指标，结果如表 4.2 所示。

表 4.2　初始 WEEE 第三方逆向物流低碳指标体系

一级指标	二级指标		
驱动力	WEEE 逆向物流产值	WEEE 逆向物流产值比重	WEEE 无害化处理率
	产业结构	城镇化率	WEEE 综合利用率
	人均 GDP	人口数量	外贸依存度
	回收的 WEEE 数量	WEEE 市场容量	地理位置
	产品/服务质量	企业社会形象	WEEE 回收再制造率

续表

一级指标	二级指标		
驱动力	企业品牌价值	环保投资率	国际 WEEE 法律法规
	WEEE 市场行情		
响应力	管理水平	员工的环保意识	低碳物流技术开发
	风险意识	低碳物流人才的培养	低碳设施设备的应用
	绿化投入	企业的发展阶段	低碳运输工具的使用
	领导者的环保意识	WEEE 拆解工艺	WEEE 低碳技术专利数
	低碳研发人员数量	低碳技术投入产出比	低碳研发人员比例
	WEEE 科技研发投入		
发展潜力	能源结构	能源碳排放强度	政府的惩罚措施
	能源利用效率	单位能源产值	碳税的征收
	能源利用强度	碳排放总量	低碳减排机制的建立
	清洁能源利用比例	新能源研发投入	政府环保力度
	WEEE 法律法规	环保投入成本	政府的鼓励措施
	政府的低碳监管力度		

4.3 指标体系的实证筛选

通过理论分析法得到的 WEEE 第三方逆向物流低碳驱动指标体系体现了不同决策主体的思想和意见,虽然能从一定程度上反映现象的本质,但同时带有较强的主观性,因此需要进一步对指标进行筛选完善,通过隶属度分析、相关分析等定量分析方法,从初始指标体系中选出更合理的具有代表性的指标体系,进一步建立科学的 WEEE 第三方逆向物流低碳驱动指标体系。

4.3.1 隶属度分析

若对论域 U 中的任一元素 x，都有一个值 $\mu(x) \in [0, 1]$ 与之对应，使得：

$$\mu(x): x \longrightarrow \mu_A(x)$$

则称 A 为论域 U 上的一个模糊子集，$\mu(x)$ 称为 x 对 A 的隶属度，当 x 在论域 U 内变动时，$\mu_A(x)$ 就有相应的数值与之对应，$\mu_A(x)$ 就称为 A 的隶属度函数。

隶属度 $\mu_A(x)$ 取值在 $[0, 1]$ 之间，若该值越接近于 1，说明元素 x 对 A 的隶属度越高；若该值越接近于 0，说明元素 x 对 A 的隶属度越低。该函数是对受多种因素影响的事物做出全面评价的一种十分有效的多因素决策方法。

将隶属度分析法引入指标体系的实证筛选中，将指标体系视为模糊论域 U，将每一个指标视为论域 U 中的元素 x，对每个元素 x 进行隶属度分析。进行隶属度分析的数据来源于问卷调查后的统计数据。若有效问卷的总数为 N 张，对于第 x_i 个指标，指标被选择的总次数为 M_i（总共有 M_i 位被调查者认为该指标应该保留），则该指标的隶属度为：

$$\mu_A(x) = \frac{M_i}{N}$$

若 $\mu_A(x)$ 越接近于 1，说明 x 指标在指标体系中的作用越明显，保留的可能性越大；反之，$\mu_A(x)$ 越接近于 0，说明 x 指标在指标体系中的作用越不明显，保留的可能性越小。通过对隶属度进行观察，可以合理地保留隶属度高的指标，剔除隶属度低的指标。经过综合专家意见，隶属度分析确定的阈值为 0.3，即隶属度大于 0.3（含 0.3）的指标保留，隶属度小于 0.3 的指标从初始的指标体系中剔除，从而形成第二轮新的指标体系。

隶属度分析的调查问卷总共发放 300 份，采用直接调查、电子邮件、网络、手机 APP 等方式进行，问卷为封闭式问题，被访主体为高校专家学者、WEEE 逆向物流企业人员、第三方物流企业人员、环保企业人员、其他类型物流企业人员。在填写问卷时采用的方式是选择式，要求选择的指标不低于 20 个，否则问卷无效。问卷回收 260 份，其中有效问卷 248 份，问卷的回收率为 86.67%，问卷的有效率为 95.38%。

根据上文给出的隶属度运算方法，以及 0.3 的阈值，通过对问卷进行调查，对初始指标体系进行隶属度筛选，该阶段淘汰了 29 个指标，将剩余的 22 个指标组合形成了第二轮 WEEE 第三方逆向物流低碳驱动指标体系，如表 4.3 所示。

表 4.3　第二轮 WEEE 第三方逆向物流低碳指标体系

一级指标	二级指标	隶属度
驱动力	WEEE 逆向物流产值	0.3578
	产业结构	0.4851
	回收的 WEEE 数量	0.6162
	WEEE 市场容量	0.4851
	企业品牌价值	0.5539
	WEEE 无害化处理率	0.4182
	WEEE 综合利用率	0.4063
	WEEE 回收再制造率	0.5821
响应力	企业年环保投入	0.4539
	领导者的环保意识	0.6142
	员工的环保意识	0.4372
	WEEE 利润率	0.5223
	WEEE 专利数量	0.5259
	WEEE 科技研发投入	0.4254
	低碳研发人员比例	0.4836
	WEEE 研发资本投入产出比	0.4599
	低碳运输工具的投资	0.4257
发展潜力	能源结构	0.4074
	能源效率	0.3879

续表

一级指标	二级指标	隶属度
	清洁能源利用比例	0.4181
发展潜力	获得政府资金数额	0.4708
	环保投入成本	0.5587

4.3.2　相关分析

　　隶属度分析的结果显示，WEEE第三方逆向物流低碳驱动指标体系内存在着一定的相似性指标，相似性指标反映的内容相似，如政府的鼓励措施与WEEE逆向物流的支持力度、领导者的环保意识与员工的环保意识等。如果将这些重复的指标列入指标体系中，会导致指标的重叠与概念范围的不清晰，不符合指标体系构建的原则，同时降低了指标体系的科学性。

　　指标的相关分析是在对变量的相关性分析基础上，对指标进行选择的一种实证分析方法。通过分析指标之间的相关性，对隶属度相对较低并且与其他指标存在显著相关性的指标进行删减。一方面，能用最少的指标全面反映WEEE第三方逆向物流的低碳驱动因素；另一方面，降低了重复指标对指标体系的影响，消除了指标间的多重共线性，符合指标体系构建的原则。

　　进行相关分析时，研究的基础数据来源于1998~2016年的《中国统计年鉴》、《中国能源统计年鉴》、《中国林业统计年鉴》、《中国农业统计年鉴》、《辽宁统计年鉴》、辽宁省政府网站和辽宁省统计局网站，缺失的个别数据采用移动平均法补齐。为剔除物价水平变动的影响，所有的数据均以1998年为基期进行计算。碳足迹计算的有关系数均来自《综合能耗计算通则（GB/T2589-2008)》《IPCC国家温室气体清单指南（2006)》和《省级温室气体清单编制指南（2015)》。

　　进行相关分析时，选择的统计分析软件是SPSS21.0，设定的相关系数是Pearson相关系数，显著性水平为0.05。通过对调查数据进行统计分析，发现 6 对指标存在显著性相关。结合相关系数和隶属度，对隶属度低和相关性大的 6 个指标进行了剔除，淘汰指标的相关系数及显著性水平结果如表 4.4 所示。

表 4.4　指标的相关分析

隶属度较高的指标	隶属度较低的指标	相关系数	显著性水平
企业品牌价值	风险意识	0.604	0.0179
回收的 WEEE 数量	WEEE 市场容量	0.632	0.0162
领导者的环保意识	员工的环保意识	0.689	0.0085
WEEE 研发资本投入产出比	WEEE 科技研发投入	0.704	0.0244
WEEE 逆向物流的支持力度	政府的低碳监管力度	0.795	0.0028
WEEE 无害化处理率	WEEE 综合利用率	0.842	0.0043

4.3.3　实证筛选的结果

实证筛选的结果显示，总共保留了 16 个指标，在该体系中，有 12 个指标属于逆向指标，该指标的值越小越好（逆向指标在表中用 * 表示）；有 4 个指标属于正向指标，该指标的值越大越好，这样保留下来的指标经过重新命名，构成了 WEEE 第三方逆向物流低碳驱动因素的第三轮指标体系，最终的指标体系由 16 个指标组成。将这 16 个指标分成 3 个维度，分别为 WEEE 第三方逆向物流的驱动力、WEEE 第三方逆向物流的响应力和 WEEE 第三方逆向物流的发展潜力，具体如表 4.5 所示。

表 4.5　WEEE 第三方逆向物流低碳指标体系

	一级指标	二级指标
WEEE 第三方逆向物流低碳指标体系	驱动力	WEEE 逆向物流产值
		产业结构 *
		回收的 WEEE 数量
		企业品牌价值 *
		WEEE 无害化处理率 *
		WEEE 回收再制造率

续表

	一级指标	二级指标
WEEE 第三方逆向物流低碳指标体系	响应力	企业年环保投入 *
		WEEE 利润率 *
		WEEE 专利数量
		低碳研发人员比例 *
		WEEE 研发资本投入产出比 *
		低碳运输工具的投资 *
	发展潜力	能源结构 *
		能源效率 *
		清洁能源利用比例 *
		获得政府资金数额 *

4.4 指标体系的计量检验

为保证建立的 WEEE 第三方逆向物流低碳指标体系的科学性，需要对指标体系的信度和效度进行检验，信度和效度是度量评价指标体系科学性的重要技术参数。

4.4.1 量表设计

信度分析和效度分析的原始数据为问卷调查，问卷内容为上文确定的 WEEE 第三方逆向物流低碳指标体系，问卷的形式为自陈式量表，要求被访者在问卷上选择自己认为的 WEEE 第三方逆向物流低碳运营指标。该问卷采用五级量表的形式，具体意义如下：非常同意——5，基本同意——4，不确定——3，有点不同意——2，完全不同意——1。问卷的设计见附录 B。

问卷的发放采取网络和电子邮件的形式，对不同区域、不同回收类型的 WEEE 第三方逆向物流企业进行调查，其中包括许多知名的逆向物流企业，如 TCL（天津）环保发展有限公司、江西格林美资源循环有限公司、吉林市金再废弃电器电子产品回收利用有限公司、荆门市格林美新材料有限公司、四川长虹格润再生资源有限责任公司、格林美（武汉）城市矿产循环产业园开发有限公司、山东中绿资源再生有限公司、湖南省同力电子废弃物回收拆解利用有限公司、邢台恒亿再生资源回收有限公司、河南艾瑞环保科技有限公司、华新绿源环保产业发展有限公司、河南格林美中钢再生资源有限公司、陕西新天地废弃电器电子产品回收处理有限公司、广东华清废旧电器处理有限公司等。共随机发放问卷 200份，回收有效问卷 189 份，有效回收率为 94.5%。对问卷的打分情况进行整理，结果如表 4.6 所示。

表 4.6　问卷整体情况统计

指标	N	极小值	极大值	均值	方差
1	189	1	5	2.81	0.907
2	189	1	5	1.87	1.273
3	189	1	5	1.86	1.226
4	189	1	5	1.93	1.401
5	189	1	5	1.46	1.469
6	189	1	5	3.13	1.099
7	189	1	5	3.07	0.937
8	189	1	5	3.07	0.908
9	189	1	5	3.16	0.830
10	189	1	5	2.11	1.552
11	189	1	5	2.16	1.439
12	189	1	5	2.76	0.882
13	189	1	5	2.81	0.820
14	189	1	5	2.61	0.907
15	189	1	5	2.40	1.345
16	189	1	5	2.56	1.352

可知全部问卷对每个细分因素的打分情况均在 1~5，答卷符合规定的程序和标准。

问卷填写的基本情况如表 4.7、表 4.8 所示。

表 4.7 被访者的基本情况

被访者的基本情况		频数	频率（%）	累计频率（%）
学历	高中及以下	10	5.29	5.29
	大专	27	14.28	19.57
	本科	105	55.56	75.13
	硕士	33	17.46	92.59
	博士	14	7.41	100
地区	东北地区	38	20.11	20.11
	长江以北	56	29.62	49.73
	长江以南	95	50.27	100
性别	男	113	59.78	59.78
	女	76	40.22	100
年龄	25 岁以下	12	6.34	6.34
	25~35 岁	86	45.51	51.85
	36~45 岁	59	31.21	83.06
	45 岁以上	32	16.49	100
收入	2 万元以下	19	10.05	10.05
	2 万~4 万元	113	59.78	69.83
	4 万~6 万元	41	21.69	91.52
	6 万元以上	16	8.48	100
职位	基层管理人员	138	73.1	73.1
	中层管理人员	30	15.9	89
	高层管理人员	21	11	100

表 4.8 被访企业的基本情况

被访企业的基本情况		频数	频率（%）	累计频率（%）
主导业务	电器电子回收	106	56.1	56.1
	先进制造技术	20	10.5	66.6
	新材料及应用	43	22.7	89.3
	环境保护技术	12	6.3	95.6
	其他	8	4.4	100
企业年营业额	1000 万元以下	69	36.5	36.5
	1000 万~3000 万元	86	45.5	82
	3000 万~6000 万元	18	9.5	91.5
	6000 万元至 1 亿元	11	5.8	97.3
	1 亿元以上	5	2.7	100
所有制性质	国有	6	3.2	3.2
	民营	155	82.1	85.3
	合资	21	11.1	96.4
	外商独资	7	3.6	100

4.4.2 信度检验

信度（Reliability）即可靠性，是指问卷的可信任程度，信度体现了调查问卷结果的广泛性、稳定性和一贯性，属于计量分析的研究方法。进行信度分析常用的是 Cronbach' Alpha 信度系数法（Coefficient alpha of Cronbach），这种方法最简单易行，且系数的范围和类型明确，易于理解。Cronbach' alpha 信度系数法的计算公式为：

$$\alpha = \frac{k}{k-1}\left(1 - \frac{\sum s_i^2}{s^2}\right)$$

式中，k 表示问卷所包含的总选项；$\sum s_i^2$ 表示问卷选择项方差总和；s^2 表示问卷选择项加总后方差。

Cronbach' alpha 系数的大小表明了问卷的信度高低，一般来说，Cronbach' alpha 系数越大，信度越高，量表设计越合理，也即证明指标或者测量项目的选取越好；反之，Cronbach'alpha 系数越小，信度越低，在这种情况下可能需要重新对问卷量表进行设计，剔除部分信度不高的指标或项目。

Cronbach'alpha 信度系数的判别方法如表 4.9 所示。

表 4.9 信度系数的判别

Cronbach'alpha 信度系数	信度
0.9 以上	非常可信
0.7~0.9	很可信
0.5~0.7	可信
0.4~0.5	稍微可信
0.3~0.4	勉强可信
0.3 及以下	不可信

对回收的问卷进行信度分析，结果如表 4.10 所示。

表 4.10 信度系数统计量

系数	驱动力	响应力	发展潜力	总量表
Cronbach'alpha 系数	0.7616	0.8254	0.8712	0.9120
折半信度系数	0.7796	0.8388	0.8416	0.9151

根据信度系数的判别标准可知，WEEE 第三方逆向物流低碳指标体系的一级指标的 Cronbach'alpha 系数都超过了 0.7，根据判断标准，可以认为本书构建的 WEEE 第三方逆向物流低碳评价指标体系内部结构性是一致的，总量表的内部一致性高于 0.9，达到了信度系数的评价要求，指标体系非常可信。

为进一步确定构建的 WEEE 第三方逆向物流低碳指标体系的信度，本书又采用了折半信度系数的判别法来检验指标的信度，结果如表 4.10 所示，可知采用折半信度系数确定的总量表的信度系数为 0.9151，其他一级指标的信度系数均大于 0.7，进一步说明了本书建立的指标体系具有较高的可信度。

4.4.3 效度检验

效度（Validity）即有效性，是评价调查问卷是否能够准确反映评价的目的和要求。效度越高，即表示问卷反映的内容越能体现本来的特征。效度分析包括内容效度分析和结构效度分析。

4.4.3.1 内容效度

内容效度是指本书选择的 WEEE 第三方逆向物流低碳驱动指标体系能否有效地作为代表来反映低碳驱动因素。

本书在研究 WEEE 第三方逆向物流低碳驱动因素指标体系时，采用了频数统计法、头脑风暴法等理论分析方法，同时采用了隶属度分析法和相关分析法等实证分析方法，最后将这几种方法得到的指标进行组合，形成了最终的指标体系，方法科学合理，数据处理准确。此外,频数统计法和头脑风暴法在样本的选择上，兼顾了各地区、各不同被访者、各不同区域的样本，覆盖面广，问卷数据处理无误。

综合实证分析与理论分析，本书建立的 WEEE 第三方逆向物流低碳驱动指标体系的内容效度是有保障的。

4.4.3.2 结构效度

首先，对 WEEE 第三方逆向物流低碳驱动指标体系的 3 个一级指标与总指标体系之间进行相关分析以验证量表的结构效度，结果如表 4.11 所示。可以看出，驱动力、响应力、发展潜力三个分量表与总量表的相关达到极其显著的水平，各分量表因子之间的相关系数在 0.732~0.769，呈中等相关程度，说明各分量因子能分别测度 WEEE 第三方逆向物流低碳驱动体系的不同方面。总量表与各分量因子之间的相关系数分别为 0.801、0.842、0.788，高于各分量因子之间的相关系数，也达到显著水平。表明各因子能较好地反映出问卷要测量的内容，问卷的结构清晰，具有较好的结构效度和区分度。

表 4.11　分量表、总量表之间的相关分析

	驱动力	响应力	发展潜力	量表总分
驱动力	1.000			
响应力	0.769**	1.000		
发展潜力	0.732**	0.746**	1.000	
量表总分	0.801**	0.842**	0.788**	1.00

注：** 表示 p<0.01。

其次，考虑 WEEE 第三方逆向物流低碳驱动指标体系的三个维度驱动力、响应力、发展潜力与其维度下的具体观测指标的相关性，用以反映三个维度与选择的具体观测指标的适当性，相关程度越高，表明该维度与其观测指标的效度越高，结果如表 4.12~表 4.14 所示。可以看出，驱动力与其所属观测指标之间的相关性为 0.302~0.482，且相关性显著，其中第三个观测指标与驱动力的相关性最小。响应力与其所属观测指标之间的相关性为 0.347~0.595，且相关性显著，第四个观测指标与响应力的相关性最小。发展潜力与其所属观测指标之间的相关性为 0.412~0.502，且相关性显著，其中第二个观测指标与发展潜力的相关性最小。

指标体系的总量表和驱动力、响应力、发展潜力单个分量表的信度分析结果显示，指标与具体维度之间的相关性为 0.302~0.595，且达到了显著水平，各分指标体系与总指标体系的整体概念较为明显，说明 WEEE 第三方逆向物流低碳指标的选择合理，各个指标之间相互独立，量表具有非常好的可信度和内部一致性。

表 4.12　驱动力相关系数矩阵

	A1	A2	A3	A4	A5	A6
A1	1.000	0.353	0.302	0.408	0.431	0.375
A2	0.353	1.000	0.368	0.378	0.360	0.436
A3	0.302	0.368	1.000	0.482	0.464	0.436
A4	0.408	0.378	0.482	1.000	0.393	0.437
A5	0.431	0.360	0.464	0.393	1.000	0.430
A6	0.375	0.436	0.436	0.437	0.430	1.000

表 4.13　响应力相关系数矩阵

	B1	B2	B3	B4	B5	B6
B1	1.000	0.471	0.460	0.347	0.425	0.485
B2	0.471	1.000	0.442	0.374	0.595	0.499
B3	0.460	0.442	1.000	0.414	0.442	0.426
B4	0.347	0.374	0.414	1.000	0.349	0.479
B5	0.425	0.595	0.442	0.349	1.000	0.426
B6	0.485	0.499	0.426	0.479	0.426	1.000

表 4.14　发展潜力相关系数矩阵

	C1	C2	C3	C4
C1	1.000	0.412	0.436	0.437
C2	0.412	1.000	0.493	0.502
C3	0.436	0.493	1.000	0.440
C4	0.437	0.502	0.440	1.000

4.4.3.3　验证性因素分析

验证性因素分析结果可以说明理论指标体系与实际观测数据之间的拟合程度，拟合程度越高，理论指标体系的准确性及合理性越高。为再次验证问卷的结构效度，本书采用验证性因素对量表进行分析，选择的具体统计量有 χ^2/df 检验（拟合优度）、拟合优度指数（GFI，Goodness of Fit Index）、调整拟合优度指数（AGFI，Adjusted Goodness of Fit Index）、比较拟合指数（CFI，Comparative Fit of Index）与 TLI（Tucker-Lewis Index）、近似误差均方根（RMSEA，Root Mean Square of Approximation）、均方根残差（RMR，Root of the Mean Square Residual）。其中 χ^2/df 检验的理论统计量值为 1，该统计量越接近 1，说明模型的拟合优度越好。GFI与 AGFI 的取值在 0~1 间，越接近 0 表示模型的拟合越差，越接近 1 表示模型的拟合越好，通常当 GFI ≥ 0.9 及 AGFI ≥ 0.8 时，认为模型的拟合较好。CFI 与 TFI 的取值在 0~1 间，越接近 0 表示模型的拟合越差，越接近1 表示模型的拟合越好，通常 CFI ≥ 0.9 及 TLI ≥ 0.9 时，说明模型的拟合较好。RMSEA 是评价模型不拟合的指数，越接近 0 表示拟合越好，RMSEA=0 表示完全拟合，RMSEA≤0.01 表示拟合非常好，RMSEA≤0.05 表示拟合出色，RMSEA≤0.1 表示拟合好。RMR<0.1 说明模型拟合较好。

本书利用 Amos17.0 极大似然估计法分析一阶结构的验证性因素，探讨指标与总量表之间的结构关系，然后根据验证性因素分析的结果增加残差之间的相关，对模型进行修正并继续进行验证性因素分析，最后将两种情况的统计量进行对比，结果如表 4.15 和图 4.4 所示。可以看出，量表的各项统计量均符合标准，模型与数据的拟合较好，且修正模型的效果优于初始模型，问卷的结构合理。

表 4.15　验证性因素分析拟合指标

统计量	χ^2/df	GFI	AGFI	CFI	TLI	RMSEA	RMR
初始模型	2.573	0.824	0.811	0.873	0.871	0.034	0.087
修正模型	2.504	0.859	0.866	0.891	0.894	0.030	0.092

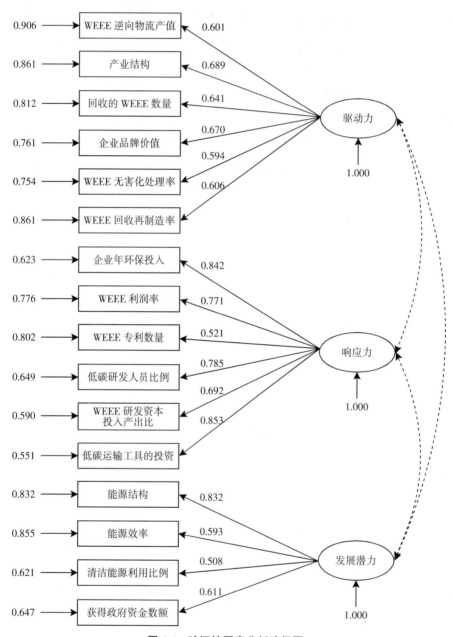

图 4.4 验证性因素分析路径图

5 WEEE 第三方逆向物流碳排放与低碳驱动因子的作用机理

第 4 章在理论筛选和实证筛选的基础上得出了 WEEE 第三方逆向物流低碳驱动因素的指标体系,本章进一步对关键驱动因子的识别以及对关键驱动因子与 WEEE 第三方逆向物流碳排放的作用机理进行计量分析,为 WEEE 第三方逆向物流网络设计提供指导。

5.1 WEEE 第三方逆向物流低碳驱动因子的识别

因子分析法是主成分分析法的深入,是在众多的指标中找出主要的、本质的指标的一种统计分析方法。关键因子提取时需要做到既能保证原始指标体系的所有信息,又能保证关键因子之间不存在线性相关。本书在因子分析法的原理上对 WEEE 第三方逆向物流低碳驱动指标体系进行因子分析,在此基础上提取关键的低碳驱动因子。

因子分析法首先需要对指标进行无量纲化处理,其次需要进行因子分析检验和指标的共同度检验,最后计算特征值及累计方差贡献率,找出关键因子。

本书实证研究的相关数据和关键驱动因素分解的相关数据均来源于山东省的 WEEE 第三方逆向物流企业——ZLZY 企业,该企业是中国再生资源开发有限公司与台湾绿电再生股份有限公司、台湾宏创科技有限公司共同组建的一家专业回收处理废弃电器电子产品的合资企业。研究数据的时间跨度是1998~2016年。数据在处理时，以2000年的数据为基期进行计算，保证数据不受到价格等因素的影响。

5.1.1　无量纲化处理

无量纲化处理的目的是避免由于指标的方向原因造成关键因子识别的差异，本书建立的WEEE第三方逆向物流低碳驱动指标体系除WEEE逆向物流产值、回收的WEEE数量、WEEE回收再制造率、WEEE再加工产品销售额四个指标为正向指标外，其余的指标均为逆向指标，因此需要进行指标的正向化处理，采取倒数化的正向化处理方法，假设某一指标为逆向指标，具体的值为x_i，经过倒数化的处理方法得到的新指标值为x_i'，且：

$$x_i' = \frac{1}{x_i}$$

进行指标的非负化处理，具体如下：

$$x_i' = \frac{x_i - \min(x_1, \ x_2, \ \cdots, \ x_n)}{\max(x_1, \ x_2, \ \cdots, \ x_n) - \min(x_1, \ x_2, \ \cdots, \ x_n)} + 1$$

在指标正向化和非负化处理的基础上进行指标数据的标准化处理，采用的是Z标准化，即将所有的数据转换为均值为0、方差为1的标准化数据，具体过程如下：

$$x_i' = \frac{x_i - \bar{x_i}}{\sigma_i}$$

式中，$\bar{x_i}$是指标的均值，σ_i是指标的方差。本书在对数据进行正向化和标准化处理时采用的是SPSS21.0，所有的正向化和标准化结构能自动生成。

5.1.2 KMO 和 Bartlett 球形度检验

进行因子分析，通常采用的计量检验模型是 KMO 和 Bartlett 球形度检验。KMO 检验主要应用于多元统计的因子分析，其统计量的取值在 0 和 1 之间，KMO 值越接近于 1，因子间的相关性越强；KMO 值越接近于 0，因子间的相关性越弱。Bartlett 球形度检验用于检验相关矩阵中各因子间的相关性，即检验各个因子是否线性相关。KMO 检验的统计量取值及含义如表 5.1 所示。

表 5.1 KMO 的含义

KMO 值	含义
0.8 及以上	非常适合进行因子分析
0.7~0.8	适合进行因子分析
0.6~0.7	一般适合
0.5~0.6	不太适合进行因子分析
0.5 及以下	极不适合进行因子分析

对指标的 KMO 和 Bartlett 球形度检验结果如表 5.2 所示。

表 5.2 KMO 和 Bartlett 球形度检验

年份		2000	2001	2002	2003	2004	2005	2006	2007
Kaiser–Meyer–Olkin		0.872	0.803	0.946	0.650	0.724	0.679	0.852	0.642
Bartlett 球形度 检验	χ^2	610.960	445.001	470.909	614.534	496.691	449.273	641.450	401.006
	df	892	115	115	115	115	115	115	115
	sig.	0.000	0.000	0.000	0.000	0.000	0.000	0.000	0.000
年份		2008	2009	2010	2011	2012	2013	2014	2015
Kaiser–Meyer–Olkin		0.712	0.887	0.837	0.757	0.691	0.903	0.721	0.834
Bartlett 球形度 检验	χ^2	464.663	432.651	459.136	504.219	442.805	591.192	497.175	519.132
	df	115	115	115	115	115	115	115	115
	sig.	0.000	0.000	0.000	0.000	0.000	0.000	0.000	0.000

KMO 分析结果表明，原数据的 KMO 值最大为 0.946，最小为 0.642，KMO 的检验均值为 0.782，适合进行因子分析。而 Bartlett 球形度检验的结果表明，所对应的概率 P 值为 0，小于 0.05 的显著性水平，拒绝原假设，即认为各个因子不存在相关性。

综合 KMO 和 Bartlett 球形度检验的结果可以得出结论，选择的样本数据可以进行因子分析。

5.1.3　特征值及累计方差贡献率

在确定公共因子之前，首先对指标的共同度进行检测，共同度检验反映的是提取的因子对各观测指标的解释能力，一般情况下，认为提取的公因子能解释原始变量 60% 以上的方差时，是能够得到认可的。共同度越高，说明提取的因子对原始变量的解释程度和原始变量的信息保留的程度越高。对数据进行共同度检测，结果如表 5.3 所示。

表 5.3　原始变量提取度

指标	提取度	指标	提取度
WEEE 逆向物流产值	0.926	WEEE 再加工产品销售额	0.813
产业结构	0.876	低碳研发人员比例	0.890
回收的 WEEE 数量	0.908	WEEE 研发资本投入产出比	0.853
企业品牌价值	0.847	低碳运输工具的投入资金	0.892
WEEE 无害化处理率	0.854	能源结构	0.964
WEEE 回收再制造率	0.832	能源效率	0.859
企业年环保投入	0.943	清洁能源利用比例	0.744
低碳物流专业人才所占比重	0.926	政府年度支持资金数额	0.861

可以看出，所有指标的共同度均在 0.6 以上，其中大部分在 0.8 以上，共同度的均值为 0.874，说明原始变量的共同度非常高，建立的指标体系对于评价 WEEE 第三方逆向物流低碳驱动因素均非常重要。

以数据无量纲化后的相关系数矩阵作为研究对象，用主成分分析的方法提取公因子，根据特征值大于或累计方差贡献率大于1来确定公共因子。利用SPSS21.0软件，对数据的特征根、特征根方差贡献率、特征根累计方差贡献率进行计算，结果如表5.4所示。

表5.4 因子分析方差解释

成分	初始特征值			提取平方和载入			旋转平方和载入		
	特征根	方差贡献率(%)	累计方差贡献率(%)	特征根	方差贡献率(%)	累计方差贡献率(%)	特征根	方差贡献率(%)	累计方差贡献率(%)
1	5.326	22.191	22.191	5.326	22.191	22.191	5.326	22.191	22.191
2	2.916	17.065	39.256	2.916	17.065	39.256	2.916	17.065	39.256
3	1.876	13.149	52.405	1.876	13.149	52.405	1.876	13.149	52.405
4	1.464	10.216	62.621	1.464	10.216	62.621	1.464	10.216	62.621
5	1.317	8.098	70.719	1.317	8.098	70.719	1.317	8.098	70.719
6	0.931	5.889							
7	0.867	5.322							
8	0.648	4.683							
9	0.540	4.035							
10	0.475	3.798							
11	0.401	2.971							
12	0.373	2.347							
13	0.285	2.155							
14	0.179	1.786							
15	0.098	1.373							
16	0.044	0.922							

注：提取方法：主成分分析。

由表5.4可以看出，第一个因子的特征值为5.326，方差贡献率达到了22.191%，是最主要的低碳驱动因素。第二个因子的特征值为2.916，方差贡献率为17.065%。前五个因子对样本方差的累计解释达到70.719%，说明如果不用16个变量，仅用这5个因子就可以说明原来16

个变量的 70.719% 的信息，满足了公共因子对原始数据的解释。

根据主成分分析的特征根，得到因子分析碎石图，如图 5.1 所示。

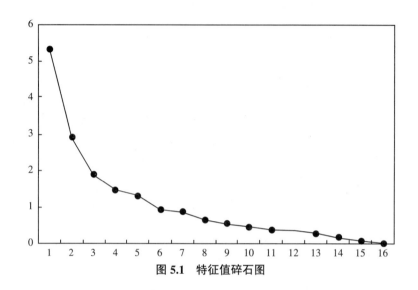

图 5.1　特征值碎石图

从图 5.1 可以看出，前五个因子的特征值均大于 1，碎石图曲线比较陡峭，而从第六个因子开始，特征值已经小于 1 且碎石图曲线开始趋于平缓，说明决定 WEEE 第三方逆向物流低碳驱动的关键因素是前面的五个因子，根据特征值大于 1 的选择标准，选择前 5 个因子作为公因子，这也与前面的方差贡献率和累计方差贡献率的选择结果一致。

5.1.4　关键驱动因子的识别

对提取出的 5 个因子按 Kaiser 标准正交旋转法进行正交旋转，旋转后的成分得分如表 5.5 所示。可以看出，5 个公共因子之间不存在共线性和相关性，提取的因子效果较好。

表 5.5　公共因子协方差矩阵

因子	1	2	3	4	5
1	1.000	0.000	0.000	0.000	0.000
	0.000	0.000	0.000	0.000	0.000
2	0.000	1.000	0.000	0.000	0.000
	0.000	0.000	0.000	0.000	0.000
3	0.000	0.000	1.000	0.000	0.000
	0.000	0.000	0.000	0.000	0.000
4	0.000	0.000	0.000	1.000	0.000
	0.000	0.000	0.000	0.000	0.000
5	0.000	0.000	0.000	0.000	1.000
	0.000	0.000	0.000	0.000	0.000

根据因子分析的结果，将特征值大于 1 的 5 个因子识别为 WEEE 逆向物流产值、回收的 WEEE 数量、WEEE 回收产品再制造率、能源效率、能源结构，这 5 个因子可以作为 WEEE 第三方逆向物流低碳驱动的关键因素。

5.2　WEEE 第三方逆向物流低碳驱动因子 LMDI 因素分解

LMDI 分解法是 Ang 等于 1998 年提出的一种对能源消耗和碳排放因素进行分解和计量的实证研究方法，该方法对 Kaya 恒等式进行扩展，采用对数平均公式进行计算求解，能够对所有的要素进行分解，并能有效地消除残差项，因此简单易懂。将其引入本研究，有利于进行 WEEE 第三方逆向物流低碳驱动因素的分解研究。

5.2.1　碳排放现状

WEEE 逆向物流产值、回收的 WEEE 数量、WEEE 回收产品再制造率等数据可直接从 ZLZY 的历年统计数据中获取，能源结构为 WEEE 第三方逆向物流业消耗的一次能源总量与年消耗能源总量之比，能源效率为 WEEE 第三方逆向物流年度能源消耗总量与 WEEE 第三方逆向物流产值之比，WEEE 第三方逆向物流业消耗的一次能源总量也可以通过 ZLZY 历年统计数据获取，这样保证了所有实证数据来源的可靠性。

本书碳排放的计算使用标准煤法计算能源的碳排放量，按照 IPCC 和《省级温室气体清单编制指南（2015）》推荐的各燃料与标准煤的转换系数、碳排放因子和碳足迹计算方法，计算辽宁省能源碳足迹，计算公式如下：

$$f_{CF} = \sum_i \frac{44}{12} \cdot \beta_i \cdot \varepsilon_i \cdot Q_i \cdot V_i \cdot q_i \cdot 10^{-3}$$

式中，f_{CF} 为能源碳足迹；β_i 为第 i 类能源的能源转换因子，是根据净发热值将燃料转换为能源单位（TJ）的转换因子；ε_i 为第 i 类能源的标准煤折算系数，我国采用的能源标准是标准煤，以此作为各种能源换算成标准煤时的标准量；Q_i 为第 i 类能源的消耗总量；V_i 为第 i 类能源的碳排放因子，碳排放因子是消费单位能源所产生的 CO_2 的排放量，实际上是指 CO_2 排放因子；q_i 为第 i 类能源的碳氧化率；10^{-3} 为单位换算系数，44/12 为 CO_2 与碳的转换系数。标准煤转化系数来源于《综合能耗计算通则》（GB/T2589-2008），碳氧化率、能源转换因子和碳排放因子来源于 IPCC《IPCC 国家温室气体清单指南（2006）》和《省级温室气体清单编制指南（2015）》（见表 5.6），其余实证分析的数据见附录 C。

调查 ZLZY 1998~2016 年的经营数据，通过上面的计算方法，可以计算该企业各类能源的碳排放量，结果如图 5.2 所示。可以看出，碳排量最大的能源是原煤，其次是电力，但从最近几年的发展情况看，这两种能源的碳排放量在减少，这是因为企业通过新能源的利用、太阳能等低碳能源的使用等，有效抑制了这两种能源的碳排放量。

表5.6　碳足迹参数

能源	ε_i (KG·KG^{-1})	V_i (KG·GJ^{-1})	q_i (%)	β_i (TJ·Gg^{-1})
原煤	0.7143	25.8	0.90	26.7
焦炭	0.9714	29.2	0.90	28.2
原油	1.4286	20.0	0.98	42.3
汽油	1.4714	20.2	0.98	43.0
柴油	1.4571	20.2	0.98	43.0
燃料油	1.4286	21.1	0.98	40.4
天然气	12.1430	15.3	0.99	48.0
电力	0.2385	25.3	0.90	94.6

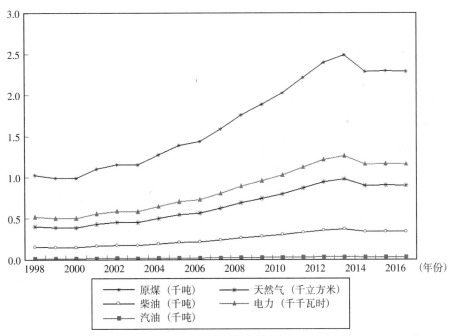

图5.2　各类能源碳排放量

　　该企业 1998~2016 年的产值、碳排放量如图5.3所示。可以看出，两者变化趋势基本吻合，研究期内均呈增长态势，二者之间存在一定的相关关系。2008 年前碳排放量高于年产值，2008 年后随着国家对 WEEE 逆向物流的补贴增加，以及企业新能源的使用，使得产值增速高于碳排放量增速，这是一种积极的状况，说明企业已经在保护环境和促进经济增长上实现了协调，除了采用全新的拆解工艺，还积极引入新设备，最大化地降低了 WEEE 逆向物流运作时的碳排放。

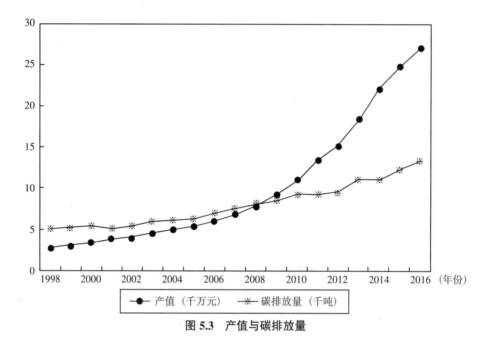

图 5.3 产值与碳排放量

另外，从碳排放强度看（见图 5.4），研究期内呈逐年下降的趋势，且下降的速度越来越快。碳排放强度是衡量经济增长与碳排放之间比重的指标，该指标越小说明企业的集约化发展水平及绿色制造程度越高，这一趋势是与企业实际情况相吻合的。

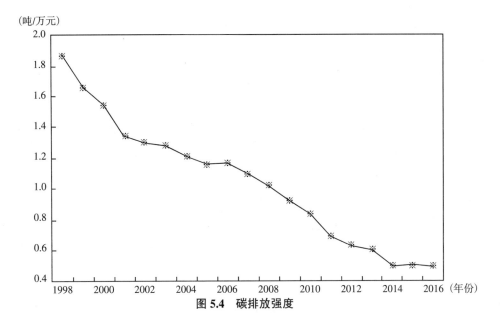

图 5.4 碳排放强度

5.2.2 LMDI 因素分解原理

本书提取了 WEEE 逆向物流产值、回收的 WEEE 数量、WEEE 回收产品再制造率、能源效率、能源结构 5 个 WEEE 第三方逆向物流的低碳关键驱动因子，定义碳排放总量为因变量 Y，将 WEEE 逆向物流产值、WEEE 回收产品再制造率、能源效率、回收的 WEEE 数量、能源结构 5 个关键低碳驱动因子作为自变量，分别表示为 X1、X2、X3、X4、X5，代表经济因素、技术因素、能源效率因素、人口因素和能源结构因素，于是 LMDI 因素分解法的公式如下：

$$Y = \sum_i Y_i = \sum_i \frac{Y_i}{E_i} \times \frac{E_i}{E} \times \frac{E}{Y} \times \frac{Y}{P} \times P$$

式中，Y 表示 WEEE 逆向物流碳排放总量；Y_i 表示第 i 种能源的碳排放量；E_i 表示第 i 种能源的消耗量；E 表示各种能源的消耗总量；Y 表示 WEEE 逆向物流的总产值；P 表示 WEEE 产品的市场容量。

进一步，令：

$$\alpha_i = \frac{Y_i}{E_i}, \quad \beta_i = \frac{E_i}{E}, \quad \gamma_i = \frac{E}{Y}, \quad \delta_i = \frac{Y}{P}, \quad \varepsilon = P$$

于是有：

$$Y = \sum_i Y_i = \sum_i \alpha_i \times \beta_i \times \gamma_i \times \delta_i \times \varepsilon$$

式中，α_i 表示第 i 种能源的碳排放量占总碳排放量之比，即技术因素；β_i 表示第 i 种能源的消耗量与能源总消耗量之比，即能源结构因素；γ_i 表示能源消耗总量与 WEEE 第三方逆向物流产值之比，即能源效率因素；δ_i 表示 WEEE 第三方逆向物流产值与 WEEE 产品的市场容量之比，即经济因素；ε 表示 WEEE 产品的市场容量，即人口因素。

设基期的碳排放总量为 C^0，研究期的碳排放总量为 C^t，于是：

$$\Delta C = C^t - C^0$$

$$= \sum_i \alpha_i^t \times \beta_i^t \times \gamma_i^t \times \delta_i^t \times \varepsilon^t - \sum_i \alpha_i^0 \times \beta_i^0 \times \gamma_i^0 \times \delta_i^0 \times \varepsilon^0$$

$$= {}_\Delta\alpha + {}_\Delta\beta + {}_\Delta\gamma + {}_\Delta\delta + {}_\Delta\varepsilon$$

$$_\Delta\alpha = \sum_i \frac{\Delta C}{\ln C^t - \ln C^0} \times \ln\left(\frac{\alpha_i^t}{\alpha_i^0}\right)$$

$$_\Delta\beta = \sum_i \frac{\Delta C}{\ln C^t - \ln C^0} \times \ln\left(\frac{\beta_i^t}{\beta_i^0}\right)$$

$$_\Delta\gamma = \sum_i \frac{\Delta C}{\ln C^t - \ln C^0} \times \ln\left(\frac{\gamma_i^t}{\gamma_i^0}\right)$$

$$_\Delta\delta = \sum_i \frac{\Delta C}{\ln C^t - \ln C^0} \times \ln\left(\frac{\delta_i^t}{\delta_i^0}\right)$$

根据上述计算结果可确定各因素的碳排放贡献率：

$$\xi_\alpha = \frac{_\Delta\alpha}{\Delta C} \times 100\%$$

$$\xi_\beta = \frac{_\Delta\beta}{\Delta C} \times 100\%$$

$$\xi_\gamma = \frac{_\Delta\gamma}{\Delta C} \times 100\%$$

$$\xi_\delta = \frac{\Delta\delta}{\Delta C} \times 100\%$$

$$\xi_\varepsilon = \frac{\Delta\varepsilon}{\Delta C} \times 100\%$$

式中，ξ_α、ξ_β、ξ_γ、ξ_δ、ξ_ε 分别表示技术因素、能源结构因素、能源效率因素、经济因素、人口因素对 WEEE 第三方逆向物流碳排放的贡献率。一般来讲，如果某一因素的贡献率大于 1，说明该因素对 WEEE 第三方逆向物流碳排放具有推动作用，该因素能促进碳排放的增加；如果某一因素的贡献率小于 1，说明该因素对 WEEE 第三方逆向物流碳排放具有抑制作用，该因素能促进碳排放的降低。

进一步对 LMDI 分解法的残差进行分析：

$$\Delta C_{rsd} = \Delta C - (\Delta\alpha + \Delta\beta + \Delta\gamma + \Delta\delta + \Delta\varepsilon)$$

$$= C^t - C^0 - \sum_i \frac{\Delta C}{\ln C^t - \ln C^0} \times$$

$$\left[\ln\left(\frac{\alpha_i^t}{\alpha_i^0}\right) + \ln\left(\frac{\beta_i^t}{\beta_i^0}\right) + \ln\left(\frac{\gamma_i^t}{\gamma_i^0}\right) + \ln\left(\frac{\delta_i^t}{\delta_i^0}\right) + \ln\left(\frac{\varepsilon_i^t}{\varepsilon_i^0}\right) \right]$$

$$= C^t - C^0 - \sum_i \frac{\Delta C}{\ln C^t - \ln C^0} \times \ln\frac{C^t}{C^0}$$

$$= C^t - C^0 - \sum_i (C^t - C^0)$$

$$= 0$$

可以看出，LMDI 分解法的优点在于无残差，从而保证了较好的分解效果。

5.2.3 LMDI 因素分解结果

通过对上述 LMDI 因素分解模型的运用，分别以上年为基期，第二年为 t 期，对企业 1998~2016 年的碳排放与驱动因素进行分析，得到技术因素、能源结构因素、能源效率因素、经济因素与人口因素的效应值，结果如表 5.7 所示。

表 5.7　碳排放因素年度效应

年份	Y	X1	X2	X3	X4	X5
1999	0.0069	0.1157	0.0041	−0.1157	0.0108	−0.0064
2000	0.0383	0.1843	0.1269	−0.1843	0.0275	−0.0003
2001	0.0021	0.1843	0.1592	−0.3269	−0.0125	−0.0001
2002	0.0449	0.3268	0.1185	−0.3562	0.0275	−0.0179
2003	0.1418	0.3562	0.0216	−0.3720	0.1168	−0.0085
2004	0.1604	0.3719	0.0030	−0.4284	0.1326	−0.0249
2005	0.1962	0.4283	0.0665	−0.4737	0.1659	−0.0244
2006	0.3011	0.4737	0.1714	−0.4639	0.2693	−0.0143
2007	0.3717	0.4637	0.2041	−0.5286	0.3374	−0.0026
2008	0.4477	0.5285	0.2702	0.6056	0.4093	−0.0569
2009	0.4938	0.6045	0.3177	−0.7037	0.4506	−0.0844
2010	0.5777	0.7036	0.4026	−0.7950	0.5294	−0.0950
2011	0.5777	0.7950	0.4023	−0.9949	0.5262	−0.0950
2012	0.6131	0.9948	0.4377	−1.0817	0.5591	−0.1072
2013	0.7609	1.0817	0.5856	−1.1272	0.7081	−0.1342
2014	0.7609	1.1272	0.5856	−1.3131	0.7074	−0.1342
2015	0.8760	1.3130	0.7006	−1.3095	0.8247	−0.1224
2016	0.9525	1.3094	0.7771	−1.3189	0.9027	−0.1329

　　进一步对 LMDI 的分解结果进行研究，可得图 5.5。可以看出企业 1999~2016 年物流碳排放呈上升趋势。在影响 WEEE 第三方逆向物流碳排放的主要因素中，贡献值从大到小为经济因素、人口因素和技术因素，其中经济因素远远超过了人口因素和技术因素，是企业碳排放增加的主要推动力。自 1999 年以来，经济因素对碳足迹的贡献率由−0.1157 增加到 2016 年的 1.3094 并持续增长，年均增长率为 117.55%。这是因为企业以追逐经济效益为目的，经济效益提升时促进了碳排放的增长。能源效率因素和能源结构因素对碳排放的增加起到抑制作用，其中能源效率因素的贡献率从−0.1157 降至−1.3189，能源结构因素贡献率从−0.0064 降

至-0.1329，说明能源结构的优化调整能有效抑制碳排放，尤其是降低一次能源的消耗、增加新能源的使用均会降低碳排放。能源效率因素对碳排放抑制作用最为明显，可见提高产品的绿色制造与绿色回收工艺，可以降低 WEEE 第三方逆向物流的碳排放。

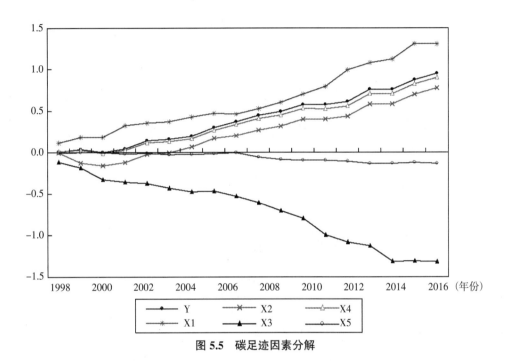

图 5.5 碳足迹因素分解

从碳排放因素分解的累积效应看（见图 5.6），经济因素和人口因素对碳排放增加累计贡献最大，这是因为人口规模的增加推动了电器电子需求的增加和企业经营规模的扩大，大批进入报废期的 WEEE 产品加速了 WEEE 第三方逆向物流的运作，促使能源的消耗增长，从而导致碳排放增长迅速。能源效率因素对碳排放抑制的累计贡献最大。

综上所述，1999~2016 年企业碳排放的总效应为正（见表 5.8），企业在研究期间的碳排放总体呈上升态势，这与之前的讨论结果一致。经济因素、技术因素和人口因素的平均效应均为正，这三个因素对碳排放的增加有驱动作用，其中经济因素是碳排放增加的主要原因。能源效率因素和能源结构因素对碳排放的平均效应均为负数，这两个因素对碳排放的增加有抑制作用。此外，从标准差来看，经济因素的标准差最大，说明经济效益的增加对碳排放的影响幅度最大，而能源结构因素的标准差最小，说明能源结构效应对碳排放的影响最小。

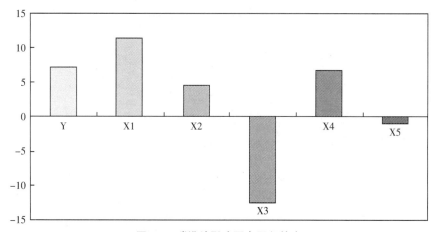

图 5.6　碳排放影响因素累积效应

表 5.8　碳排放总效应

	Y	X1	X2	X3	X4	X5
累积效应	7.3237	11.3626	4.4881	−12.4993	6.6928	−1.0616
平均数	0.4069	0.6313	0.2493	−0.6944	0.3718	−0.0590
标准差	0.3122	0.3868	0.2953	−0.4019	0.2966	0.0530

LMDI 因素分解的结果显示，经济因素、技术因素、人口因素对 WEEE 第三方逆向物流碳排放的增加具有推动作用，能源效率因素、能源结构因素对 WEEE 第三方逆向物流碳排放的增加具有抑制作用。

5.3　WEEE 第三方逆向碳排放与低碳驱动因子的作用机理

协整检验的目的是确定一组非平稳序列之间是否具有稳定的均衡关系，如果某两个或多个同阶时间序列向量的某种线性组合可以得到一个平稳的误差序列，则认为这些非平稳的时间序列之间存在长期的均衡关系，即序列之间具有协整性。

5.3.1　平稳性分析

时间序列的时变行为实际上反映了时间序列的非平稳性质。对非平稳时间序列的处理方法一般是将其转变为平稳序列，这样就可以应用有关平稳时间序列的方法来进行相应的研究。对时间序列单位根的检验就是对时间序列平稳性的检验，非平稳时间序列如果存在单位根，则一般可以通过差分的方法来消除单位根，得到平稳序列。对于存在单位根的时间序列，一般都显示出明显的记忆性和波动的持续性。

在进行 ADF 检验前，首先观察 Y 序列的趋势图，用 EViews 软件进行趋势分析，结果如图 5.7 所示，图形表明序列随时间变化存在上升趋势。

常用于检验序列平稳性的方法是单位根检验中的 ADF（Augmented Dickey Fuller）检验。进行平稳性检验是为了避免出现模型的"伪回归"现象，保证其有效性，本书利用 ADF 法对变量进行平稳性检验。利用 EViews7.1 软件对 Y 与 X1、X2、X3、X4 和 X5 分别进行原序列 ADF 检验，得到原序列的 ADF 检验结果及统计量，原序列及一阶差分序列的具体统计分析结果见附录 A。部分计量结果如表 5.9 所示。

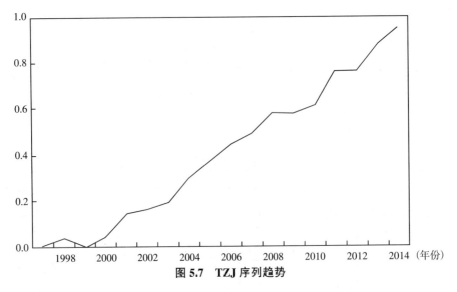

图 5.7 TZJ 序列趋势

表 5.9 各变量的 ADF 检验

变量	类型	t-统计量	1%置信度	5%置信度	10%置信度	P
lnY	原序列	1.1402	−3.9591	−3.0810	−2.6813	0.9957
	一阶差分序列	−4.6973	−3.9204	−3.0656	−2.6735	0.0023
lnX1	原序列	0.8214	−3.8868	−3.0522	−2.6666	0.9912
	一阶差分序列	−4.1479	−3.9204	−3.0656	−2.6735	0.0065
lnX2	原序列	0.7439	−3.9592	−3.0810	−2.6813	0.9887
	一阶差分序列	−4.6748	−3.9591	−3.0810	−2.6813	0.0027
lnX3	原序列	−0.0015	−3.8868	−3.0522	−2.6666	0.9459
	一阶差分序列	−5.3014	−4.0044	−3.0989	−2.6904	0.0010
lnX4	原序列	1.231	−3.9591	−3.0810	−2.6813	0.9965
	一阶差分序列	−4.4715	−3.9204	−3.0656	−2.6735	0.0035
lnX5	原序列	−0.2819	−3.8868	−3.0522	−2.6666	0.9090
	一阶差分序列	−4.2990	−4.0579	−3.1199	−2.7011	0.0066

注：检验方法为（C，0，0），无时间趋势项和滞后阶数，计量软件为 EViews7.1 软件，对于个别缺失数据采用移动平均法获得。

由表 5.9 的检验结果可知，Y 的原序列的 ADF 检验结果为 1.1402，高于 1%置信度、5%置信度和 10%置信度的 ADF 检验结果−3.9591、−3.0810、

−2.6813，且 P 值显示接受假设的概率为 0.9957，故认为 TZJ 原序列为非平稳序列。经过一阶差分处理后，Y 的 ADF 值为−4.6973，低于 1%置信度、5%置信度和 10%置信度的 ADF 检验结果−3.9204、−3.0656、−2.6735，且 P 值显示接受原假设的概率为 0.0023，远远小于 0.05 的显著性水平，因此认为 TZJ 的一阶差分序列为平稳序列。

同理，X1、X2、X3、X4 和 X5 五个变量的原序列均为非平稳序列，而一阶差分序列均为平稳序列。

5.3.2 相关检验

相关分析是研究现象之间是否存在某种依存关系，并对具体有依存关系的现象探讨其相关方向以及相关程度，是研究随机变量之间的相关关系的一种统计方法。研究两个变量间相关关系的密切程度的参数为相关系数 r，r>0 表明变量之间正相关，r<0 表明变量之间负相关。相关系数 r 的取值为：$|r|>0.9$ 为显著性相关，$|r| \geqslant 0.8$ 为高度相关，$0.5 \leqslant |r| < 0.8$ 为中度相关，$0.3 \leqslant |r| < 0.5$ 为低度相关，$|r| < 0.3$ 为不相关。如表 5.10 所示。

表 5.10 相关系数的含义

相关系数	含义
$|r|>0.9$	显著性相关
$|r| \geqslant 0.8$	高度相关
$0.5 \leqslant |r| < 0.8$	中度相关
$0.3 \leqslant |r| < 0.5$	低度相关
$|r| < 0.3$	不相关

利用上述相关系数的判断标准，利用 EViews 7.2 计量分析软件对 Y 与 X1、X2、X3、X4 和 X5 之间的相关性进行计量分析，进而得到各变量之间的相关系数，计算结果如表 5.11 所示。

表 5.11　相关系数

变量	Y	X1	X2	X3	X4	X5
Y	1.0000	0.9730	−0.9932	−0.9684	0.9997	−0.9409
X1	0.9730	1.0000	0.9654	−0.9879	0.9731	−0.9419
X2	0.9932	0.9654	1.0000	−0.9553	0.9947	−0.9361
X3	−0.9684	−0.9879	−0.9553	1.0000	−0.9665	0.9559
X4	0.9997	0.9731	0.9947	−0.9665	1.0000	−0.9398
X5	−0.9409	−0.9419	−0.9361	0.9559	−0.9398	1.0000

可以看出，各个变量与碳排放之间均有高度的相关性，其中 X1、X4 与 Y 正相关，X2、X3 和 X5 与 Y 负相关，说明 WEEE 逆向物流产值、WEEE 回收产品再制造率、回收的 WEEE 数量与碳排放呈正相关，能源结构、能源效率与碳排放呈负相关，各变量的相关系数均在 0.9 以上，属于显著性相关。

5.3.3　Johansen 协整检验

Johansen 协整检验是 Johansen 和 Juselius 提出的一种以 VAR 模型为基础的检验回归系数的协整检验，是一种进行多变量协整检验的较好方法。检验两个及以上变量之间的协整关系，统计学中多采用 Johansen 协整检验。对于多个非平稳时间序列，如果它们的某个线性组合是平稳的，这些变量之间就可能存在长期稳定的均衡协整关系，检验的统计量为迹统计量和最大特征值统计量。采用 Johansen 协整检验法对 Y 与 X1、X2、X3、X4 和 X5 的协整性进行检验，迹检验统计量如表 5.12 所示。

表 5.12　迹检验统计量

变量	协整关系数	特征值	迹检验	5%临界值	P
lnY 与 lnX1	None	0.7749	43.4654	29.7971	0.0042
	At most 1	0.2961	8.0390	15.4947	0.4612

续表

变量	协整关系数	特征值	迹检验	5%临界值	P
lnY 与 lnX2	None	0.9123	22.5406	15.4947	0.0009
	At most 1	0.4655	1.1520	3.8415	0.2831
lnY 与 lnX3	None	0.5978	18.8755	15.4947	0.0075
	At most 1	0.1192	2.1590	3.8415	0.1417
lnY 与 lnX4	None	0.8763	43.6396	15.4947	0.0056
	At most 1	0.4979	15.4947	13.8483	0.0872
lnY 与 lnX5	None	0.6040	18.1118	15.4947	0.0064
	At most 1	0.1100	1.9825	3.8415	0.1591

表 5.12 显示，在 Y 与 X1 的协整检验中，从迹检验可以看出，当假设不存在协整关系时，特征值为 0.7749，迹检验统计值为 43.4654，大于 5% 的临界值 29.7971，P 值为 0.0042，拒绝原假设，Y 与 X1 之间存在一个协整关系。当假设为 At most 1 时，特征值为 0.2961，迹检验统计值为 8.0390，小于 5% 的临界值 15.4947，P 值为 0.4612，因此接受原假设，认为 Y 与 X1 之间最多存在一个协整关系。

在 Y 与 X2 的协整检验中，从迹检验可以看出，当假设不存在协整关系时，特征值为 0.9123，迹检验统计值为 22.5406，大于 5% 的临界值 15.4947，P 值为 0.0009，拒绝原假设，Y 与 X2 之间存在一个协整关系。当假设为 At most 1 时，特征值为 0.4655，迹检验统计值为 1.1520，小于 5% 的临界值 3.8415，P 值为 0.2831，因此接受原假设，认为 Y 与 X2 之间最多存在一个协整关系。同理，Y 与 X3、X4、X5 之间均存在一个协整关系。

Johansen 协整检验的最大特征根统计量如表 5.13 所示。

表 5.13 最大特征根统计量

变量	协整关系数	特征值	最大特征根	5%临界值	P
Y 与 X1	None	0.6544	18.0639	14.2646	0.0068
	At most 1	0.0760	1.3443	3.8415	0.2463

续表

变量	协整关系数	特征值	最大特征根	5%临界值	P
Y 与 X2	None	0.8762	35.5154	24.8462	0.0063
	At most 1	0.5120	12.1973	18.4576	0.1034
Y 与 X3	None	0.5898	15.1480	13.4940	0.0051
	At most 1	0.1779	3.3312	3.8415	0.0680
Y 与 X4	None	0.5120	15.2646	11.1973	0.0097
	At most 1	0.0074	2.2963	4.9432	0.1709
Y 与 X5	None	0.3206	6.5700	3.8929	0.0035
	At most 1	0.5069	12.021	14.2647	0.1099

在 Y 与 X1 的协整检验中，从最大特征根检验结果来看，当假设不存在协整关系时，特征值为 0.6544，最大特征根检验统计值为 18.0639，大于 5% 的临界值 14.2646，P 值为 0.0068，拒绝原假设，Y 与 X1 之间存在一个协整关系。当假设为 At most 1 时，特征值为 0.0760，最大特征根检验统计值为 1.3443，小于 5% 的临界值 3.8415，P 值为 0.2463，因此接受原假设，认为 Y 与 X1 之间最多存在一个协整关系。

在 Y 与 X2 的协整检验中，从最大特征根检验结果来看，当假设不存在协整关系时，特征值为 0.8762，最大特征根检验统计值为 35.5154，大于 5% 的临界值 24.8462，P 值为 0.0063，拒绝原假设，Y 与 X2 之间存在一个协整关系。当假设为 At most 1 时，特征值为 0.5120，最大特征根检验统计值为 12.1973，小于 5% 的临界值 18.4576，P 值为 0.1034，因此接受原假设，认为 Y 与 X2 之间最多存在一个协整关系。同理 Y 与 X3、X4、X5 之间均存在一个协整关系。

5.3.4 回归分析

回归分析是确定两种或两种以上变量间相互依赖的定量关系的一种统计分析方法。前文 Johansen 协整检验显示碳排放与五个关键驱动因素均存在协整关系，因此进一步对变量进行回归分析，相关的计量结果如表 5.14 所示。可以看出，回归分析的拟合优度 χ^2 为 0.9995，调整后的拟合优度 χ^2 为 0.9996，模型的拟合优度较高，说明模型的拟合程度非常高。F 统计量值为 7461.7741，对应的 P 值为 0.0000，说明模型的回归效果显著。DW 统计量为 1.6403，说明模型不存在自相关。

表 5.14 回归分析结果

Variable	Coefficient	Std. Error	t–Statistic	Prob.
X1	0.6624	0.0312	−1.5862	0.0087
X2	0.1406	0.0565	−1.7025	0.0004
X3	−0.5484	0.0313	−1.7512	0.0054
X4	0.4964	0.0630	0.8100	0.0000
X5	−0.1061	0.1105	0.0960	0.0000
C	0.6397	0.0072	0.0879	0.0000
R–squared	0.9995	Mean dependent var		0.4068
Adjusted R–squared	0.9996	S.D. dependent var		0.3122
S.E. of regression	0.0067	Akaike info criterion		−6.9231
Sum squared resid	0.0005	Schwarz criterion		−6.6263
Log likelihood	68.3085	Hannan–Quinn criter		−6.8822
F–statistic	7461.7741	Durbin–Watson stat		1.6403
Prob（F–statistic）	0.0000			

这样得到的回归方程为：

$$Y = 0.6397 + 0.6624X2 + 0.1406X2 - 0.5484X3 + 0.4964X4 - 0.1061X5$$

回归方程显示，能源结构和能源效率对碳排放的弹性为负，WEEE 逆向物流产值、WEEE 回收产品再制造率、回收的 WEEE 数量对碳排放的弹性为正，说明能源结构和能源效率这两个因素对碳排放有抑制作用，WEEE 逆向物流产值、WEEE 回收产品再制造率、回收的 WEEE 数量这三个因素对碳排放有驱动作用，回归结果与 LMDI 因素分解结果一致。

对回归模型的残差原序列进行 ADF 检验，结果如表 5.15 所示。

表 5.15　残差的 ADF 检验

		t–Statistic	Prob.*
Augmented Dickey–Fuller test statistic		–1.6624	
Test critical values: RESID01	1% level	–3.8867	0.4311
	5% level	–3.0521	
	10% level	–2.6665	
Augmented Dickey–Fuller test statistic		–5.9250	
Test critical values: D（RESID01）	1% level	–4.0044	0.0004
	5% level	–3.0988	
	10% level	–2.6904	

可以看出，回归模型残差的 ADF 检验结果为–1.6624，高于 1%临界值、5% 临界值、10% 临界值的 –3.8867、–3.0521、–2.6665，P 值为 0.4311，高于 0.05 的显著性水平，接受原假设，认为残差的原序列不平稳。而一阶差分序列的 ADF 检验结果为–5.9250，低于各种情况下的临界值，P 值为 0.0004，小于 0.05 的显著性水平，拒绝原假设，认为残差的一阶差分序列平稳。从而说明残差项 RESID01 平稳，即回归方程稳定，WEEE 第三方逆向物流碳排放与其关键影响因子存在着长期均衡关系。

5.3.5　Granger 因果关系检验

因果关系检验常用的计量分析方法为 Granger 因果关系检验，该方法是克莱夫·格兰杰（Clive Granger）所创的用于分析经济变量之间的因果关系的计量方法。进行 Granger 因果关系检验的前提条件是时间序列必须具有平稳性，因此在进行 Granger 因果关系检验前首先应对各指标的平稳性进行 ADF 检验。

本书前面的平稳性检验证明各变量是平稳一阶单整序列，Johansen 协整检验和回归分析结构证明各因素与 WEEE 第三方逆向物流碳排放之间存在长期均衡稳定关系，但这种均衡关系是否构成因果关系，还需要进一步进行验证。用 Granger 因果关系检验对 WEEE 第三方逆向物流碳排放量与 WEEE 逆向物流产值、WEEE 回收产品再制造率、能源效率、回收的 WEEE 数量、能源结构 5 个关键低碳驱动因子之间的因果关系进行检验，检验结果如表 5.16 所示。

表 5.16　Granger 因果关系检验

原假设	滞后期	观测值	F–Statistic	Prob.
lnX1 does not Granger Cause lnY	2	16	22.5804	0.0001
lnY does not Granger Cause lnX1	2	16	0.90971	0.4309
lnX2 does not Granger Cause lnY	2	16	3.81393	0.0152
lnY does not Granger Cause lnX2	2	16	2.54866	0.1232
lnX3 does not Granger Causeln Y	2	16	11.2270	0.0022
lnY does not Granger Cause lnX3	2	16	3.49003	0.0670
lnX4 does not Granger Cause lnY	2	16	3.12577	0.0042
lnY does not Granger Cause lnX4	2	16	2.85945	0.1000
lnX5 does not Granger Causeln Y	2	16	4.42061	0.0090
lnY does not Granger Cause lnX5	2	16	0.19390	0.4265

Granger 因果关系检验结果表明：

（1）WEEE 第三方逆向物流碳排放与 WEEE 第三方逆向物流产值存在单向的 Granger 因果关系，即 WEEE 第三方逆向物流产值的变化是引起碳排放变化的原因；反之，不存在 Granger 因果关系，即 WEEE 第三方逆向物流碳排放的变化不是引起 WEEE 第三方逆向物流产值变化的原因。这表明随着 WEEE 第三方逆向物流产值的增加，WEEE 第三方逆向物流碳排放将不断增加。

（2）WEEE 第三方逆向物流碳排放与 WEEE 回收产品再制造率存在单向的 Granger 因果关系，即 WEEE 回收产品再制造率的变化是引起碳排放变化的原因；反之，不存在 Granger 因果关系，即 WEEE 第三方逆向物流碳排放的变化不是引起 WEEE 回收产品再制造率变化的原因。这表明随着 WEEE 回收产品的再制造率的增加，WEEE 第三方逆向物流碳排放将不断增加。

（3）WEEE 第三方逆向物流碳排放与能源效率存在单向的 Granger 因果关系，即能源效率的变化是引起碳排放变化的原因；反之，不存在 Granger 因果关系，即 WEEE 第三方逆向物流碳排放的变化不是引起能源效率变化的原因。这表明随着能源使用效率的增加，WEEE 第三方逆向物流碳排放将不断下降。

（4）WEEE 第三方逆向物流碳排放与回收的 WEEE 数量存在单向的 Granger 因果关系，即回收的 WEEE 数量的变化是引起碳排放变化的原因；反之，不存在 Granger 因果关系，即 WEEE 第三方逆向物流碳排放的变化不是引起回收的 WEEE 数量变化的原因。这表明随着回收的 WEEE 数量的增加，WEEE 第三方逆向物流碳排放将不断增加。

（5）WEEE 第三方逆向物流碳排放与能源结构存在单向的 Granger 因果关系，即能源结构的变化是引起碳排放变化的原因；反之，不存在 Granger 因果关系，即 WEEE 第三方逆向物流碳排放的变化不是引起能源结构变化的原因。这表明随着能源结构的优化调整，WEEE 第三方逆向物流碳排放将不断下降。

5.4　实证结果

Granger 因果关系检验的结论与 LMDI 因素分解、Johansen 协整检验、回归分析的结论一致，即 WEEE 第三方逆向物流碳排放与 WEEE 逆向物流产值、WEEE 回收产品再制造率、能源效率、回收的 WEEE 数量、能源结构 5 个关键低碳驱动因素之间存在长期均衡稳定的关系，这 5 个关键驱动因素均是影响碳排放的因素，且 WEEE 逆向物流产值、WEEE 回收产品再制造率、回收的 WEEE 数量 3 个因素对碳排放具有促进作用，能源效率、能源结构对碳排放具有抑制作用。

按弹性系数的大小对关键驱动因素进行排名，依次为 WEEE 逆向物流产值（经济因素）、能源效率（能源效率因素）、回收的 WEEE 数量（人口要素）、WEEE 回收产品再制造率（技术因素）、能源结构（能源结构要素），影响弹性依次为 0.6397、–0.5484、0.4964、0.1406、0.1061。因此，要控制 WEEE 第三方逆向物流碳排放，应合理地对 WEEE 产品的回收数量和回收再制造率进行控制，同时在 WEEE 逆向物流产值最大化和环境效益最大化之间进行权衡，这样就对 WEEE 第三方逆向物流的运作网络提出了要求，要在网络构建时充分考虑这些关键的低碳驱动因素，从而有效抑制 WEEE 第三方逆向物流碳排放的增加，更好地实现低碳经济的发展目标。

6 WEEE 第三方逆向物流网络构建与优化

本书在前文 WEEE 第三方逆向物流关键低碳驱动因素对碳排放的影响机理的基础上，将这些关键驱动因素作为参数及约束条件，同时考虑 WEEE 第三方逆向物流运作的不确定性和不同决策者的习惯，基于鲁棒优化理论建立了低碳视角下 WEEE 第三方逆向物流网络运作的鲁棒优化模型。

6.1 WEEE 第三方逆向物流网络构建的原则

6.1.1 效益协调原则

WEEE 第三方逆向物流网络在设计时需要综合考虑经济效益和环境效益，做到二者协调。经济效益是从企业角度来说的，就是以 WEEE 第三方逆向物流网络的运营成本最小化或总收益最大化为目标，对回收点、回收中心、处理中心等网络设施的选址进行充分考虑，以及对运输、仓储等各方面的物流成本进行控制，实现总成本的最小化。

环境效益是从社会以及生态的角度来考虑 WEEE 第三方逆向物流网络的设计问题，要求在网络运营时，最大限度地降低对环境的影响，这就需要考虑第 5 章提出的 WEEE 第三方逆向物流低碳驱动因子，将其作为参数引入网络构建中，使得在效应最大化的同时生态效益最大化，这样才符合低碳经济的发展理念。

本章构建的网络综合考虑生态效益和经济效益，使得整个网络运作的经济效益和生态效益最大化。

6.1.2　网络相协调原则

WEEE 第三方逆向物流网络要与正向物流网络协同运作，这样才能形成闭环供应链的网络结构。也就是说，在进行逆向物流网络设计时，对于回收地、回收中心、处理中心、运输、仓储等问题，不但要考虑逆向物流网络，还需要考虑整个物流网络中的这些设施是否具有通用性，这样既可以节约设施建设的费用，又能实现设施的循环利用，使得整个闭环供应链的效益最大化。

6.1.3　可持续发展原则

WEEE 产品的回收符合循环经济和低碳经济的发展要求，因此受到政府、企业和消费者的支持，在构建 WEEE 第三方逆向物流网络体系时，不但要考虑再利用产品的相关情况，还要考虑废弃物处理的设施选址及成本问题，尽量做到废弃处理成本和污染处理成本最小化。此外，其他相关设施的建设也要考虑容量增加的问题，为未来 WEEE 产品的增长做好准备，避免重复建设造成的浪费。

6.1.4　动态性原则

WEEE 第三方逆向物流网络的回收数量、回收质量、再制造率、市场容量等参数均是随机不确定的，在网络构建时要考虑这些不确定因素，用动态的眼光设计 WEEE 第三方逆向物流网络，尽可能地降低这些不确定因素对网络的影响。针对这一点，本书采用鲁棒优化的方法构建了 WEEE 第三方逆向物流网络优化模型，使得模型能对出现的各种不确定风险进行动态调整。

6.2　WEEE 第三方逆向物流网络构建的要素

6.2.1　逆向物流节点

逆向物流节点的布局是 WEEE 第三方逆向物流网络合理运行的基础，合理地选择节点，不仅关系到网络的成本，还关系到网络的运作效率。WEEE 第三方逆向物流网络的节点要素主要有以下几方面：

6.2.1.1　消费者

消费者是 WEEE 第三方逆向物流的起源地，消费者以合理的价格将 WEEE 产品所有权转给第三方 WEEE 回收企业，由各回收企业负责将回收的 WEEE 产品运往回收站。这是 WEEE 第三方逆向物流网络的第一层，因此消费者是构成 WEEE 第三方逆向物流网络的要素之一。

6.2.1.2　回收中心

回收中心是 WEEE 第三方逆向物流网络的第二层，也是重要的节点之一，承担 WEEE 回收产品的集中和处理环节，包括回收站和回收中心，回收站只负责 WEEE 产品的收集，而回收中心不但可以起到收集作用，还可以对 WEEE 产品进行检测与分类。由于本书研究的是第三方模式下的 WEEE 逆向物流网络构建，因此回收中心的选址问题是 WEEE 第三方逆向物流网络的组成要素。

6.2.1.3 再处理中心

再处理中心是 WEEE 第三方逆向物流网络的第三层，负责对第三方回收商提供的 WEEE 产品进行专业化检查、拆解、维修、翻新等，是 WEEE 产品价值转化的场所，包括维修、再制造、再利用、废弃处理等方面。

6.2.1.4 废弃处理中心

废弃处理中心是指对无任何利用价值的 WEEE 产品进行处理的场所，主要有焚烧和填埋两类处理措施，是 WEEE 第三方逆向物流网络不可缺少的一部分。废弃处理中心可以选择充分利用现有的设施，大多数情况下不需要单独建设。本书的废弃处理中心主要处理的是从回收中心、再制造中心出来的无回收价值的废弃物。

6.2.1.5 产品市场

这是 WEEE 第三方逆向物流价值转化的第二个场所，存在两类产品：返修产品和新产品，两类产品均沿着正向物流的渠道进入消费市场。

6.2.2 节点规模的合理配置

WEEE 第三方逆向物流网络中的节点如回收中心、再处理中心等均存在库存、容量等限制。一般来说，节点的容量越大，网络的结构和功能越集成，投入的成本越小。但事实上，节点的容量受到需求量、土地价格、周转率等各方面的影响，因此，合理地对节点的容量进行配置，对 WEEE 第三方逆向物流网络的稳定性至关重要。由于本书研究的节点规模均已确定，因此没有对节点的规模进行优化。

6.2.3 运输路径优化

运输路径与逆向物流节点布局和节点容量密切相关，节点的布局与容量很大程度上决定了运输的产品数量、产品种类及运输距离，运输距离越短，对能源的消耗越少，WEEE 第三方逆向物流的低碳效果越好。因此，对运输线路进行合理的布置，不但可以降低运输成本，还能促进生态成本的降低，有利于企业对总成本进行优化。

6.3 需求不确定下的 WEEE 第三方逆向物流网络优化

6.3.1 相关假设

本书的 WEEE 第三方逆向物流系统结构如图 6.1 所示。在该系统结构中，制造商通过逆向物流将产品进行回收，进入回收产品仓库，回收产品的一部分用于进行再制造，同时制造商提供新产品的制造，再制造产品和新产品共同进入产成品仓库，然后将产品投放于市场中进行销售，形成闭环供应链系统。

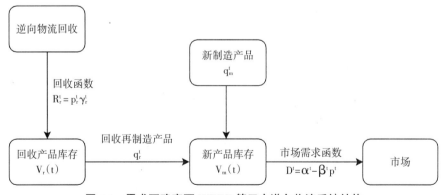

图 6.1 需求不确定下 WEEE 第三方逆向物流系统结构

模型的假设条件如下：

假设 1：单一制造商有两种渠道生产新产品：回收再制造渠道和新产品制造渠道，这两种渠道生产的产品是同质的。

假设 2：不同周期内的生产成本是不同的，且再制造产品的生产成本比新制造的生产成本低，因此制造商倾向于利用回收再制造渠道生产新产品。

假设 3：初始库存为零，且回收的废旧产品数量足以满足制造商生产再制造产品的需求，回收产品的数量不能超过回收仓库的容量。

假设 4：回收产品部分用于再制造，废弃物的处置部分成本不予考察。

6.3.2　参数定义

c_m^t：t 时刻新产品的单位生产成本；

c_r^t：t 时刻回收再生产产品的单位生产成本；

h_m^t：t 时刻新产品单位库存持有成本；

h_r^t：t 时刻回收再生产产品单位库存持有成本；

C^t：t 时刻新产品的市场容量；

V_m^t：t 时刻新生产产品库存；

V_r^t：t 时刻回收产品库存；

q_m^t：t 时刻新生产产品的数量；

q_r^t：t 时刻再生产产品的数量；

p_r^t：t 时刻单位回收产品的回收价格；

p^t：t 时刻单位新产品的市场销售价格；

γ_r^t：t 时刻回收产品的数量；

D^t：t 时刻新产品的市场需求函数，$D^t = \alpha^t - \beta^t p^t$。

6.3.3 模型构建

6.3.3.1 基础模型的构建

库存水平有如下关系:

$$V_r^{t+1} = V_r^0 + \sum_{i=1}^{t} (\gamma_r^i - q_r^i)$$

$$V_m^{t+1} = V_m^0 + \sum_{i=1}^{t} (q_r^i + q_m^i - D^i)$$

式中, V_r^0, V_m^0 为初始的库存水平, 设:

$$V_r^0 = V_m^0 = 0$$

令:

$$V_r^{t+1} \geqslant 0$$

$$V_m^{t+1} \geqslant 0$$

以满足假设条件。

此时逆向物流系统的收益为:

$$TR = \sum_{i=1}^{T} p^t \times D^t = \sum_{i=1}^{T} p^t \times (\alpha^t - \beta^t p^t)$$

逆向物流系统的成本为:

$$TC = \sum_{i=1}^{T} c_m^t q_m^t + c_r^t q_r^t + p_r^t \gamma_r^t + h_m^t (V_m^t + q_m^t + q_r^t - D^t) + h_r^t (V_r^t + b_r^t - q_r^t)$$

式中, 第一项为 t 时刻新生产产品的生产成本, 第二项为 t 时刻回收产品进行再加工生成新产品的生产成本, 第三项为 t 时刻逆向物流系统的回收成本, 第四项为 t 时刻新产成品的库存成本, 第五项为 t 时刻回收产品的库存成本。

于是收益最大化的规划模型为:

$$\max f = \sum_{t=1}^{T} \{ (p^t + h_m^t)\alpha^t - [(p^t)^2 + h_m^t p^t]\beta^t - (p_r^t + h_r^t)\gamma_r^t - (c_m^t + h_m^t)q_m^t -$$

$$(c_r^t + h_m^t - h_r^t)q_r^t - h_m^t V_m^t - h_r^t V_r^t \} \tag{6.1}$$

$$s.t.\begin{cases} \sum_{i=1}^{t} (\gamma_r^i - q_r^i) \geqslant 0, \forall t \in T \\ \sum_{i=1}^{t} (q_r^i + q_m^i - D^i) \geqslant 0, \forall t \in T \\ q_m^t + q_r^t \leqslant C^t \\ p^t \leqslant \dfrac{\alpha^t}{\beta^t}, \ p^t, \ p_r^t, \ q_m^t, \ q_r^t \geqslant 0 \end{cases}$$

式（6.1）为模型的目标函数，表示整个逆向物流系统的利润最大化，其中第一部分是逆向物流系统的收益，第二部分是逆向物流系统的成本。

约束条件（1）、约束条件（2）为不允许缺货的条件约束，约束条件（3）表示新产品数量不超过新产品仓库容量，约束条件（4）是对市场需求的约束。

6.3.3.2　优化模型的构建

鲁棒优化：

$$\max f = c^T x$$

$$s.t.\begin{cases} Ax \leqslant b \\ u \leqslant x \leqslant v \end{cases} \tag{6.2}$$

令 J_i 是系数矩阵 A 第 i 行所有不确定参数 a_{ij} 的列下标 j 所组成的集合，对于每个不确定 a_{ij}，$j \in J_i$ 可以看作是一个有界对称的随机变量 $\tilde{a}_{ij}$，其中：

$$\tilde{a}_{ij} \in [a_{ij} - \hat{a}_{ij}, \ a_{ij} + \hat{a}_{ij}]$$

a_{ij} 代表名义值。引入参数 $\Gamma_i(\Gamma_i \in [0, |J_i|])$ 用来灵活调整解的保守性水平，这样得到的鲁棒最优模型为：

$$\max f = c^T x$$

$$s.t.\begin{cases} \sum_j a_{ij} x_j + \max_{\substack{S_i \cup \{t_i\} | S_i \subseteq J_i, \\ |S_i| = \lceil \Gamma_i \rceil, \\ t_i \subseteq J_i \setminus S_i}} \left\{ \sum_{j \in S_i} \hat{a}_{ij} y_j + (\Gamma_i - \lceil \Gamma_i \rceil) \hat{a}_{ij} y_{j_i} \right\} \leqslant b_i \\ -y_j \leqslant x_j \leqslant y_j, \ u \leqslant x \leqslant v, \ y \geqslant 0 \end{cases}$$

令：

$$\beta_i(x^*, \Gamma_i) = \max_{\substack{S_i \cup \{t_i\}|S_i \subseteq J_i \\ |S_i| = \lfloor \Gamma_i \rfloor \\ t_i \subseteq J_i \setminus S}} \left\{ \sum_{j \in S_i} \hat{a}_{ij} y_j + (\Gamma_i - \lfloor \Gamma_i \rfloor) \hat{a}_{ij_i} y_{j_i} \right\}$$

则 $\beta_i(x^*, \Gamma_i)$ 等价于下面的规划问题：

$$\max \beta_i(x^*, \Gamma_i) = \sum_{j \in J} \hat{a}_{ij} |x_j| z_{ij}$$

$$\text{s.t.} \begin{cases} \sum_{j \in J} z_{ij} \leq \Gamma_i \\ 0 \leq z_{ij} \leq 1, \ \forall j \in J_i \end{cases}$$

相应的鲁棒优化模型变为：

$$\max c^T x$$

$$\text{s.t.} \begin{cases} \sum_j a_{ij} x_j + z_i \Gamma_i + \sum_{j \in J} p_{ij} \leq b_{ij} \\ z_i + p_{ij} \geq \hat{a}_{ij} y_j \\ -y_j \leq x_j \leq y_j, \ u_j \leq x_j \leq v_j \\ p_{ij}, \ y_j, \ z_i \geq 0, \ \forall i, \ j \in J_i \end{cases}$$

模型（6.1）中 α^t、β^t、γ_r^t 取的均是名义值，假设其是不变的，但实际的取值是在一定范围内变化的。

对于 α^t，设 α^t 在 $\tilde{\alpha}^t \in [\alpha^t - \hat{\alpha}^t, \alpha^t + \hat{\alpha}^t]$ 内取值，$\hat{\alpha}^t$ 是 α^t 的变化区间，且满足 $|\tilde{\alpha}^t - \alpha^t| \leq \hat{\alpha}^t$ 引入不确定参数 $\Gamma_t(\Gamma_t \in [0, |J_t|])$ 用来灵活调整解的保守性水平，且满足：

$$\sum_{i=1}^t \frac{|\tilde{\alpha}^t - \alpha^t|}{\tilde{\alpha}^t} \leq \Gamma_t$$

令：

$$z = \frac{\tilde{\alpha}^t - \alpha^t}{\hat{\alpha}^t}$$

于是得：

$$\sum_{i=1}^t |z_i| \leq \Gamma_t$$

并且有 $\widetilde{\alpha}^i = \alpha^i + \hat{\alpha}^i z^i$。

对于 β^t，设 β^t 在 $\widetilde{\beta}^t \in [\beta^t - \hat{\beta}^t, \beta^t + \hat{\beta}^t]$ 内取值，$\hat{\beta}^t$ 是 β^t 的变化区间，且满足 $|\widetilde{\beta}^t - \beta^t| \leqslant \hat{\beta}^t$ 引入不确定参数 Φ_t（$\Phi_t \in [0, |\Phi_t|]$）用来灵活调整解的保守性水平，且满足：

$$\sum_{i=1}^{t} \frac{|\widetilde{\beta}^t - \beta^t|}{\hat{\beta}^t} \leqslant \Phi_t$$

令：

$$y = \frac{|\widetilde{\beta}^t - \beta^t|}{\hat{\beta}^t}$$

于是得：

$$\sum_{i=1}^{t} |y_i| \leqslant \Phi_t$$

且 $\widetilde{\beta}^i = \beta^i + \hat{\beta}^i y^i$。

对于 γ_r^t，设 γ_r^t 在 $\widetilde{\gamma}_r^t \in [\gamma_r^t - \hat{\gamma}_r^t, \gamma_r^t + \hat{\gamma}_r^t]$ 内取值，$\hat{\gamma}_r^t$ 是 γ_r^t 的变化区间，且满足 $|\widetilde{\gamma}_r^t - \gamma_r^t| \leqslant \hat{\gamma}_r^t$，引入不确定参数 Ψ_t（$\Psi_t \in [0, |\Psi_t|]$）用来灵活调整解的保守性水平，且满足：

$$\sum_{i=1}^{t} \frac{|\widetilde{\gamma}_r^t - \gamma_r^t|}{\hat{\gamma}_r^t} \leqslant \Psi_t$$

令：

$$w = \frac{|\widetilde{\gamma}_r^t - \gamma_r^t|}{\hat{\gamma}_r^t}$$

于是得：

$$\sum_{i=1}^{t} |w_i| \leqslant \Psi_t$$

且 $\widetilde{\gamma}^i = \gamma^i + \hat{\gamma}^i w^i$。

用 $\tilde{\alpha}^t$、$\tilde{\beta}^t$、$\tilde{\gamma}_r^t$ 替换原模型中的 α^t、β^t、γ_r^t，对模型（6.1）进行转化优化，得到鲁棒优化模型如下：

$$\max_{\substack{p^t,p_r^t,\\q_m^t,q_r^t}} \min = \sum_{t=1}^{T} \{ (p^t+h_m^t)\alpha^t - [(p^t)^2+h_m^t p^t]\beta^t + (p^t+h_m^t)\hat{\alpha}^t z^t - [(p^t)^2+h_m^t p^t]\hat{\beta}^t y^t$$

$$-(p_r^t+h_r^t)(\gamma_r^t+\hat{\gamma}_r^t w^t) - (c_m^t+h_m^t)q_m^t - (c_r^t+h_m^t-h_r^t)q_r^t - h_m^t V_m^t - h_r^t V_r^t \}$$

$$(6.3)$$

$$\text{s.t.} \begin{cases} \sum_{i=1}^{t}(\gamma_r^i-q_r^i)+\sum_{i=1}^{t}\hat{\gamma}_r^t w^i \geq 0, \ \forall t \in T \\[2mm] \sum_{i=1}^{t}(q_r^i+q_m^i-D^i)+\sum_{i=1}^{t}(-\hat{\alpha}^i z^i)+\sum_{i=1}^{t}(-\hat{\beta}^i y^i p^i) \geq 0 \\[2mm] q_m^t+q_r^t \leq C^t, \ \ \forall t \in T \\[2mm] p^t \leq \dfrac{\alpha^t+\hat{\alpha}^t z^t}{\beta^t+\hat{\beta}^t y^t}, \ \ \forall t \in T \\[2mm] p^t, \ p_r^t, \ q_m^t, \ q_r^t \geq 0, \ \ \forall t \in T \\[2mm] 0 \leq z^i, \ y^i, \ w^i \leq 1 \end{cases}$$

模型（6.3）第一个约束条件中的

$$\min \sum_{i=1}^{t}\hat{\gamma}_r^t w^i$$

$$\text{s.t.} \begin{cases} \sum_{i=1}^{t}|w^i| \leq \Psi_t \\[2mm] -1 \leq w^i \leq 0, \ \ \forall i \leq t \end{cases}$$

Bertsimas 和 Sim 给出了辅助问题原理和对偶定理的变换规则，根据该方法可将上面的规划问题变为如下的最优规划问题：

$$-\min s_t\Psi_t+\sum_{i=1}^{t}u(i, \ t)$$

$$\text{s.t.} \begin{cases} s_t+u(i, \ t) \geq \hat{\gamma}_r^t \\[2mm] s_t \geq 0, \ u(i, \ t) \geq 0, \ \forall i \leq t \end{cases} \qquad (6.4)$$

模型 (6.3) 第二个约束条件中的

$$\min \sum_{i=1}^{t} (-\hat{\alpha}^i z^i)$$

$$\text{s.t.} \begin{cases} \sum_{i=1}^{t} |z^i| \leq \Gamma_t \\ -1 \leq z^i \leq 0, \quad \forall i \leq t \end{cases}$$

根据对偶原理，得到其辅助对偶最优规划为：

$$\min m^t \Gamma_t + \sum_{i=1}^{t} n(i, t)$$

$$\text{s.t.} \begin{cases} m_t + n(i, t) \geq \hat{\alpha}^i \\ m_t \geq 0, \quad n(i, t) \geq 0, \quad \forall i \leq t \end{cases} \tag{6.5}$$

同法，第二个约束条件中的

$$\min \sum_{i=1}^{t} (-\hat{\beta}^i y^i p^i)$$

$$\text{s.t.} \begin{cases} \sum_{i=1}^{t} |y^i| \leq \Phi_t \\ -1 \leq y^i \leq 0, \quad \forall i \leq t \end{cases}$$

其辅助对偶最优规划分别为：

$$\min o^t \Phi_t + \sum_{i=1}^{t} k(i, t)$$

$$\text{s.t.} \begin{cases} o^t + k(i, t) \geq \hat{\beta}^i p^i \\ o^t \geq 0, \quad k(i, t) \geq 0, \quad \forall i \leq t \end{cases} \tag{6.6}$$

模型 (6.3) 目标函数中的不确定参数：

$$\min (p^t + h_m^t) \hat{\alpha}^t z^t$$

$$\text{s.t.} \begin{cases} \sum_{i=1}^{t} |z^i| \leq \Gamma_t \\ -1 \leq z^i \leq 0, \quad \forall i \leq t \end{cases}$$

其对偶约束规划为：

$$-\min m_1^t \Gamma_t + \sum_{t=1}^{T} n_1(t, T)$$

$$\text{s.t.} \begin{cases} m_1^t + n_1(t, T) \geqslant \hat{\alpha}^t (p^t + h_m^t) \\ m_1^t \geqslant 0, \ n_1(t, T) \geqslant 0, \ \forall t \leqslant T \end{cases} \tag{6.7}$$

模型 (6.3) 目标函数中的不确定参数：

$$\min \left[(p^t)^2 + h_m^t p^t \right] \hat{\beta}^t y^t$$

$$\text{s.t.} \begin{cases} \sum_{i=1}^{t} |y^i| \leqslant \Phi_t \\ -1 \leqslant y^i \leqslant 0, \ \forall i \leqslant t \end{cases}$$

其对偶约束规划为：

$$\min s_1^t \Phi_t + \sum_{t=1}^{T} u_1(t, T)$$

$$\text{s.t.} \begin{cases} s_1^t + u_1(t, T) \geqslant \hat{\beta}^t \left[(p^t)^2 + h_m^t p^t \right] \\ s_1^t \geqslant 0, \ u_1(t, T) \geqslant 0, \ \forall t \leqslant T \end{cases} \tag{6.8}$$

模型 (6.3) 目标函数中的不确定参数：

$$\min (p_r^t + h_r^t) \hat{\gamma}_r^t w^t$$

$$\text{s.t.} \begin{cases} \sum_{i=1}^{t} |w| \leqslant \Psi_t \\ -1 \leqslant w^i \leqslant 0, \ \forall i \leqslant t \end{cases}$$

其对偶约束规划为：

$$\min o_1^t \Psi_t + \sum_{t=1}^{T} k_1(t, T)$$

$$\text{s.t.} \begin{cases} o_1^t + k_1(t, T) \geqslant \hat{\gamma}^t (p_r^t + h_r^t) \\ o_1^t \geqslant 0, \ k_1(t, T) \geqslant 0, \ \forall t \leqslant T \end{cases} \tag{6.9}$$

将模型 (6.4) ~模型 (6.9) 代入鲁棒优化模型 (6.3)，经过整理得到的最终鲁棒优化模型 (6.10) 如下：

$$\max f = \sum_{t=1}^{T} (p^t + h_m^t) \alpha^t - \left[(p^t)^2 + h_m^t p^t \right] \beta^t - (p_r^t + h_r^t) \gamma_r^t - (c_m^t + h_m^t) q_m^t$$

$$- (c_r^t + h_m^t - h_r^t) q_r^t - h_m^t V_m^t - h_r^t V_r^t - m_1^t \Gamma_t - o_1^t \Phi_t - s_1^t \Psi_t$$

$$- n_1(i, t) - u_1(i, t) - k_1(i, t) \tag{6.10}$$

$$\text{s.t.} \begin{cases} \sum_{i=1}^{t} (\gamma_r^i - q_r^i) \geqslant s_t \Psi_t + \sum_{i=1}^{t} u(i, t), \quad \forall t \in T \\[2mm] \sum_{i=1}^{t} (q_r^i + q_m^i - D^i) \geqslant m_t \Gamma_t + \sum_{i=1}^{t} n(i, t) + o_t \Phi_t + \sum_{i=1}^{t} k(i, t) \\[2mm] q_m^t + q_r^t \leqslant C^t, \quad \forall t \in T \\[2mm] p^t \leqslant \dfrac{\alpha^t - \hat{\alpha}^t}{\beta^t - \hat{\beta}^t}, \quad \forall t \in T \\[2mm] m_t + n(i, t) \geqslant \hat{\alpha}^i, \quad \forall i \leqslant t, \ t \in T \\[2mm] o_t + k(i, t) \geqslant \hat{\beta}^i p^i, \quad \forall i \leqslant t, \ t \in T \\[2mm] s_t + u(i, t) \geqslant \hat{\gamma}_r^i, \quad \forall i \leqslant t, \ t \in T \\[2mm] m_1^t + n_1(t, T) \geqslant \hat{\alpha}^t (p^t + h_m^t), \quad \forall t \in T \\[2mm] s_1^t + u_1(t, T) \geqslant \hat{\beta}^t \left[(p^t)^2 + h_m^t p^t \right], \quad \forall t \in T \\[2mm] o_1^t + k_1(t, T) \geqslant \hat{\gamma}^t (p_r^t + h_r^t), \quad \forall t \in T \\[2mm] p^t, p_r^t, q_m^t, q_r^t, m_t, o_t, s_t \geqslant 0, \quad \forall t \in T \\[2mm] n(i, t), k(i, t), u(i, t) \geqslant 0, \quad \forall i \in t, \ t \in T \\[2mm] m_1^t, s_1^t, o_1^t \geqslant 0, \quad \forall t \in T \\[2mm] n_1(t, T), u_1(t, T), k_1(t, T) \geqslant 0, \quad \forall t \in T \end{cases}$$

　　鲁棒优化模型（6.10）中的目标函数为逆向物流系统的利润最大化，约束条件（1）~约束条件（4）为引入不确定参数的变形，约束条件（5）~约束条件（10）为不确定参数约束，约束条件（11）~约束条件（14）为参数及变量的取值范围。

6.3.4 算例仿真

令 T=10，由于 $h_m^t > h_r^t$，$c_m^t > c_r^t$，于是取 $h_m^t = 2$，$h_r^t = 1$，$c_m^t = 30$，$c_r^t = 10$；$C^t \in [560, 600]$，$\alpha^t \in [60, 80]$，$\beta^t \in [15, 20]$，$\gamma^t \in [80, 100]$ 间的随机生成数；$\hat{\alpha}^t$ 为 $0.05\alpha^t \leqslant \hat{\alpha}^t \leqslant 0.2\alpha^t$ 间的随机生成数，$\hat{\beta}^t$ 为 $0.05\beta^t \leqslant \hat{\beta}^t \leqslant 0.2\beta^t$ 间的随机生成数，$\hat{\gamma}^t$ 为 $0.05\gamma^t \leqslant \hat{\gamma}^t \leqslant 0.2\gamma^t$ 间的随机生成数。不确定参数 Γ、Φ、Ψ 是区间 $[0.8, 1]$ 的随机生成数，且 $\Gamma(0)=0$，$\Phi(0)=0$，$\Psi(0)=0$。模型的不确定参数取值如表 6.1、表 6.2 所示。

表 6.1　不确定参数取值

T	C^t	α^t	β^t	γ^t	$\hat{\alpha}^t$	$\hat{\beta}^t$	$\hat{\gamma}^t$
1	571.4826	66.9978	19.1746	90.0829	11.1848	2.5943	10.3585
2	568.0938	77.8302	18.4774	91.1991	7.6161	1.7996	13.4696
3	581.2292	62.4807	15.4933	80.1035	6.5666	2.7991	8.5013
4	576.1527	70.3191	16.8645	98.7841	11.9625	1.8462	6.4093
5	587.4292	71.3543	18.3763	88.2233	6.5471	1.2589	9.2423
6	572.2088	71.4963	17.7537	91.7444	6.5199	1.5912	17.8729
7	576.7874	66.2805	19.7460	96.1058	9.3554	2.6074	7.4112
8	572.1480	72.5946	18.6051	83.6641	5.8649	3.4616	11.1457
9	598.7507	60.5335	15.1489	90.2232	5.6927	2.4322	9.8177
10	597.6742	78.2861	16.3549	88.7310	7.0391	2.4639	10.3390

表 6.2　不确定参数取值

T	Γ^t	Φ^t	Ψ^t
1	0.8264	0.9683	0.9782
2	0.8840	0.8823	0.8440
3	0.9653	0.8520	0.9839
4	0.8624	0.9581	0.8247

续表

T	Γ^t	Φ^t	Ψ^t
5	0.8856	0.8903	0.9145
6	0.8377	0.8469	0.896
7	0.9488	0.8122	0.9442
8	0.9307	0.9537	0.9973
9	0.9903	0.8019	0.8127
10	0.9166	0.809	0.9827

利用 IINGO12.0 软件进行编程。运算结果为 max f =8847.389，各变量的运算结果如表 6.3 所示。

表 6.3　变量的运算结果

T	q_m^t	m_1^t	o_1^t	m_t	s_t	o_t	r_r^t
1	77.1302	559.2391	207.1704	10.6052	10.3585	0.2005	10.1325
2	79.0655	380.8048	269.3919	10.8714	13.4696	0.6143	8.2352
3	64.3653	328.3314	170.0252	10.8836	13.6954	1.1227	5.8846
4	70.3191	598.1245	128.1858	12.2827	13.8475	1.1251	4.2589
5	71.3543	327.3574	184.8452	12.1725	13.3122	1.1289	3.5912
6	74.2579	325.9955	357.4584	12.6635	15.8729	2.7218	2.7616
7	69.1423	467.7699	148.2238	12.3919	16.3312	2.6316	1.8617
8	72.5463	293.2454	222.9136	12.5322	17.8124	2.6542	0.9491
9	70.5335	284.6333	196.3536	12.3278	18.2133	2.8652	0.6907
10	71.4262	351.9547	206.7804	11.9625	18.2882	1.5253	0.3361

6.3.5　灵敏度分析

6.3.5.1　再生新产品数量灵敏度分析

由图 6.2 可以看出，随着逆向物流系统运作时间的增加，再生产产品的产量 q_m^t 逐渐趋于稳定，也就是说市场需求量趋于稳定，震荡幅度减小，说明本书建立的动态价格/数量鲁棒优化模型能增加系统运作的稳健性，降低不确定性带来的运作风险。

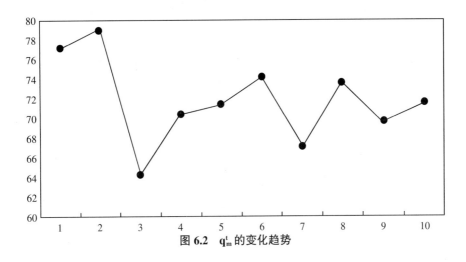

图 6.2　q_m^t 的变化趋势

6.3.5.2　回收产品数量灵敏度分析

由图 6.3 可知，回收产品的数量 r_r^t 的变化同样是幅度越来越小，最后趋于稳定，说明随着系统的运作，回收产品的数量能够集中在可控制的范围内，使逆向物流系统运行正常稳定，减少了由于回收数量的波动对系统造成的影响，有效地降低了运行风险。

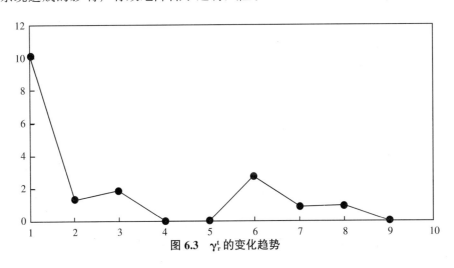

图 6.3　γ_r^t 的变化趋势

6.3.5.3　不确定参数灵敏度分析

分析不确定参数的变化对再生新产品数量 q_m^t 的变化趋势的影响。设 $\Gamma'(t)=(1+\Delta)\Gamma(t)$，其中 Δ 的取值分别为 –0.2、0 和 0.2。由图 6.4 可以看出，随着 Δ 的增大，不确定参数的取值在增大，说明不确定风险在增加，因此为了适应市场需求的变化，新产品的生产数量也在增加，但通过鲁棒优化模型的调节，不确定风险的影响在逐渐减小，反映在新产品的生产数量最终趋于一致。

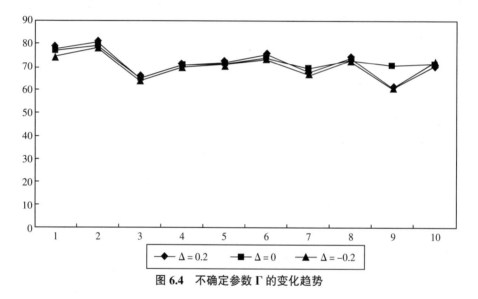

图 6.4　不确定参数 Γ 的变化趋势

另外，$\Phi'(t)=(1+\Delta)\Phi(t)$，其中 Δ 的取值分别为 –0.2、0 和 0.2。不确定参数 Φ 的变化趋势如图 6.5 所示。可以看出 Δ 取值为非负数时，WEEE 第三方逆向物流网络的鲁棒性较强，说明网络稳定的前提是再生产产品的稳定性。

从不确定参数 Ψ 的变化趋势（见图 6.6）看，其变化趋势与不确定参数 Φ 相似。Δ 取值为非负数时，WEEE 第三方逆向物流网络的鲁棒性较强，网络运行越顺畅，回收数量越多，再生产产品数量越稳定，WEEE 第三方逆向物流网络的鲁棒性越强。这样的话，整个系统运作的效益能实现最大化，避免了因市场需求和回收需求的不稳定给企业造成的成本

增加。也就是说，可以从回收产品数量、再生产产品数量两方面来强化
WEEE 第三方逆向物流运作的稳定性和安全性。

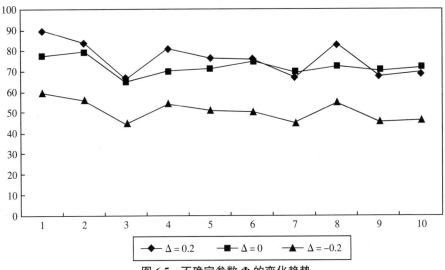

图 6.5 不确定参数 Φ 的变化趋势

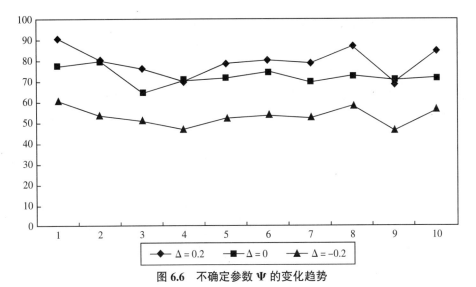

图 6.6 不确定参数 Ψ 的变化趋势

6.3.5.4 市场需求函数灵敏度分析

分析市场需求函数 $D' = \alpha' - \beta' p'$ 的变化趋势，其中需求函数常数项 α'

的变化趋势如图 6.7 所示。可以看出，α' 的振幅在逐渐减小，说明市场需求在逐渐趋于稳定。也就是说，随着 WEEE 第三方逆向物流网络运作时间的延长，网络的稳定性在增强，使得网络的再生产产品能尽可能地满足市场需求的变化。

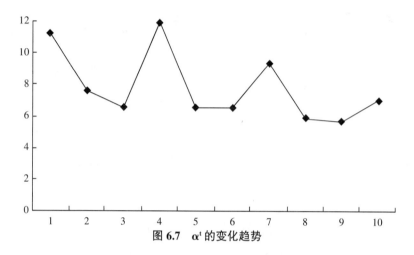

图 6.7 α' 的变化趋势

图 6.8 为市场需求函数的弹性 β' 的变动趋势。从图中可以看出，需求弹性 β' 在 WEEE 第三方逆向物流网络运作的后半时期内变动幅度较稳定，振幅比之前有所减小，β' 的变动幅度越小，市场需求函数的弹性越好，网络越能适应市场的各种风险和不确定性，网络的鲁棒性越好。

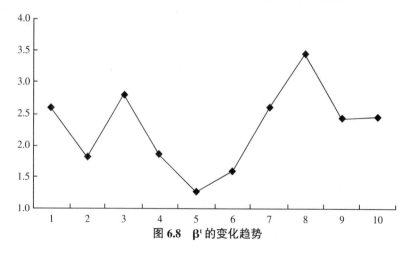

图 6.8 β' 的变化趋势

综上所述，市场需求参数 α' 和 β' 在运作周期内，随着运作时间的增加逐渐地趋于稳定，说明鲁棒优化模型能使市场需求不确定带来的风险降低，使逆向物流运作系统的动态价格/数量不确定集中于某一区域，便于对系统进行控制，降低风险，提高运作的稳定性。

6.3.6 模型小结

本部分建立了需求不确定下的混合制造/再制造逆向物流再生产系统的鲁棒优化模型，动态地研究了在回收数量和再生产数量不确定以及回收价格和再销售价格不确定环境下的逆向物流运作，对研究不确定环境下逆向物流网络的价值增值具有重要的理论意义。通过仿真运算可以看出，模型的各个变量均能实现较好的鲁棒性，能够有效地保证系统的稳定性，同时可以降低不确定性带来的决策风险，为后续的进一步研究和决策提供了理论和数据支持。

6.4 再生产不确定下的 WEEE 第三方逆向物流网络优化

本部分考虑不同周期内逆向物流回收数量的不确定性和再生产设备的生产能力约束，将逆向物流回收数量、再生产成本和市场需求作为不确定参数，以成本最小为目标，建立了包含生产成本、设备运作成本、库存成本在内的多周期多产品两阶段逆向物流网络鲁棒优化模型。通过算例验证了模型的有效性。

6.4.1 相关假设

逆向物流回收再生产过程中的再生产产品数量、库存数量以及设备运行成本等不确定性，关系到逆向物流网络的稳定性和运作成本的可控性，对企业再生产计划的实施具有重要的指导意义。本部分探讨了一个多产品多周期两阶段再生产的逆向物流生产运作模型，在回收数量、再生产成本、再生产设备的运行成本、再生产产品的市场需求等不确定情况下，确定最优的再生产计划，使系统的成本最小（见图6.9）。第一阶段是初级产品再生产阶段，把回收的有价值的产品进行再加工成零部件等初级产品；第二阶段是把第一阶段再生产的初级产品进行组装生产，形成最终产品，进入市场销售阶段。

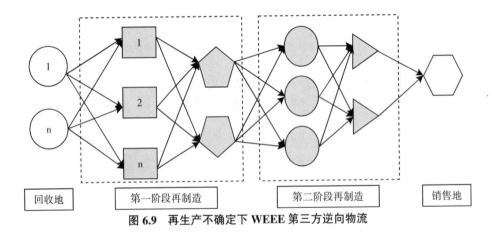

图 6.9 再生产不确定下 WEEE 第三方逆向物流

模型将逆向物流再生产过程分为两个阶段：初级产品生产阶段和最终产品生产阶段，以回收数量、两个生产阶段各自的生产成本、最终产品的市场需求作为控制变量，探讨不同时间周期内的最优产品回收数量、再生产产品的生产数量。做如下假设：

（1）再生产过程的员工数量是固定的；

（2）再生产逆向物流运作系统是多产品流，提供多种再生产品；

（3）各生产阶段的再生产产品的需求是相关需求；

（4）最终产品不允许缺货；

（5）再生产设备在任何再生产阶段均可正常运行；

（6）再生产产品和新产品在市场销售时无差异。

6.4.2 参数定义

$i=1, 2, \cdots, I$：产品生产第二阶段的最终产品；

$j=1, 2, \cdots, J$：产品生产第二阶段的生产设备；

$k=1, 2, \cdots, K$：产品生产第一阶段的产品；

$l=1, 2, \cdots, L$：产品生产第一阶段的生产设备；

$t=1, 2, \cdots, T$：观测的时间周期；

D_i^t：t周期i产品的市场预测需求；

p_s^{it}：t周期第二生产阶段产品i正常生产时的单位生产成本；

q_s^{it}：t周期第二生产阶段产品i加班生产时的单位生产成本；

o_s^{it}：t周期第二生产阶段产品i外包生产时的单位外包成本；

b_s^{it}：t周期第二生产阶段产品i的缺货成本；

h_s^{it}：t周期第二生产阶段产品i的单位存储成本；

p_f^{kt}：t周期第一生产阶段产品k正常生产时的单位生产成本；

q_f^{kt}：t周期第一生产阶段产品k加班生产时的单位生产成本；

o_f^{kt}：t周期第一生产阶段产品k外包生产时的单位外包成本；

h_f^{kt}：t周期第一生产阶段产品k的单位存储成本；

r_f^{kl}：第一阶段生产k产品时l设备的单位运行成本；

r_s^{ij}：第二阶段生产i产品时j设备的单位运行成本；

a_f^{kl}：生产单位k产品需要设备l运行的时间；

a_s^{ij}：生产单位i产品需要设备j运行的时间；

b_f^{kl}：生产k产品时l设备运行的时间；

b_s^{ij}：生产i产品时j设备运行的时间；

C_f^{lt}：t 周期内第一生产阶段设备 l 的最大运行能力；

C_s^{jt}：t 周期内第二生产阶段设备 j 的最大运行能力；

γ_{lt}：t 周期内第一生产阶段 l 设备加班的比例；

γ_{jt}：t 周期内第二生产阶段 j 设备加班的比例；

d_{ik}：k 零部件用来生产单位 i 产品的数量；

v_f^k：k 产品占用的仓库容积；

v_s^i：i 产品占用的仓库容积；

H_f^{max}：第一阶段初级产品的最大库存量；

H_s^{max}：第二阶段最终产品的最大库存量；

P_s^{it}：t 周期第二生产阶段产品 i 正常生产的数量；

Q_s^{it}：t 周期第二生产阶段产品 i 加班生产的数量；

O_s^{it}：t 周期第二生产阶段产品 i 外包的数量；

P_f^{kt}：t 周期第一生产阶段产品 k 正常生产时的数量；

Q_f^{kt}：t 周期第一生产阶段产品 k 加班生产时的数量；

O_f^{kt}：t 周期第一生产阶段产品 k 外包的数量；

B_s^{it}：t 周期第二生产阶段产品 i 的缺货数量；

H_s^{it}：t 周期第二生产阶段产品 i 的库存数量；

H_f^{kt}：t 周期第一生产阶段产品 k 的库存数量。

$$Y_f^{kt} = \begin{cases} 1 & \text{生产 k 产品} \\ 0 & \text{否则} \end{cases}$$

$$Y_s^{it} = \begin{cases} 1 & \text{生产 i 产品} \\ 0 & \text{否则} \end{cases}$$

6.4.3 基础网络模型构建

（1）第一阶段生产总成本（包括正常生产成本、加班生产成本和外包成本）：

$$TC_1 = \sum_t \sum_k \left(p_f^{kt} P_f^{kt} + q_f^{kt} Q_f^{kt} + o_f^{kt} O_f^{kt} \right)$$

（2）第二阶段生产总成本（包括正常生产成本、加班生产成本和外包成本）：

$$TC_2 = \sum_t \sum_i \left(p_s^{it} P_s^{it} + q_s^{it} Q_s^{it} + o_s^{it} O_s^{it} \right)$$

（3）库存成本和缺货成本（包括第一阶段生产的库存成本、第二阶段生产的库存成本和最终产品的缺货成本）：

$$TC_3 = \sum_t \sum_k h_f^{kt} H_f^{kt} + \sum_t \sum_i h_s^{it} H_s^{it} + \sum_t \sum_i b_s^{it} B_s^{it}$$

（4）设备运行成本（包括第一阶段的设备运行成本和第二阶段的设备运行成本）：

$$TC_4 = \sum_t \sum_k \sum_l r_f^{klt} Y_f^{kt} + \sum_t \sum_i \sum_j r_s^{ijt} Y_s^{it}$$

这样，不确定环境下多产品多周期两阶段逆向物流生产运作的基础模型如下：

$$\min f = \sum_t \sum_k \left(p_f^{kt} P_f^{kt} + q_f^{kt} Q_f^{kt} + o_f^{kt} O_f^{kt} \right) + \sum_t \sum_i \left(p_s^{it} P_s^{it} + q_s^{it} Q_s^{it} + o_s^{it} O_s^{it} \right)$$

$$+ \sum_t \sum_k h_f^{kt} H_f^{kt} + \sum_t \sum_i h_s^{it} H_s^{it} + \sum_t \sum_i b_s^{it} B_s^{it}$$

$$+ \sum_t \sum_k \sum_l r_f^{klt} Y_f^{kt} + \sum_t \sum_i \sum_j r_s^{ijt} Y_s^{it} \tag{6.11}$$

$$s.t. \begin{cases} P_s^{it} + Q_s^{it} + O_s^{it} + B_s^{it} - B_s^{i(t-1)} + H_s^{i(t-1)} - H_s^{it} = D_{it} \\[2mm] P_f^{kt} + Q_f^{kt} + O_f^{kt} + H_f^{k(t-1)} - H_f^{kt} = \sum_i d_{ik} \left(P_s^{it} + Q_s^{it} \right) \\[2mm] O_f^{k0} + H_f^{k0} = \sum_t^{t-1} \sum_i d_{ik} \left(P_s^{it} + Q_s^{it} \right) \\[2mm] \sum_k a_f^{kl} P_f^{kt} + b_f^{kl} Y_f^{kt} \leqslant C_f^{lt} \\[2mm] \sum_i a_s^{ij} P_s^{it} + b_s^{ij} Y_s^{it} \leqslant C_s^{jt} \\[2mm] \sum_k a_f^{kl} Q_f^{kt} \leqslant \gamma_{lt} C_f^{lt} \end{cases}$$

$$\text{s.t.} \begin{cases} \sum_i a_s^{ij} Q_s^{it} \leqslant \gamma_{jt} C_s^{jt} \\[2mm] P_f^{kt} + Q_f^{kt} \leqslant MY_f^{kt} \\[2mm] P_s^{it} + Q_s^{it} \leqslant MY_s^{it} \\[2mm] \sum_k v_f^k H_f^{kt} \leqslant H_f^{max} \\[2mm] \sum_i v_s^i H_s^{it} \leqslant H_s^{max} \\[2mm] Y_f^{kt}, \ Y_s^{it} = \{0, \ 1\} \\[2mm] P_f^{kt}, \ Q_f^{kt}, \ O_f^{kt}, \ P_s^{it}, \ Q_s^{it}, \ O_s^{it}, \ B_s^{it}, \ H_f^{kt}, \ H_s^{it} \geqslant 0 \\[2mm] i, \ j, \ k, \ l, \ t \geqslant 0, \ i, \ j, \ k, \ l, \ t \in N \end{cases}$$

其中，约束条件（1）是最终产品的平衡约束，约束条件（2）是第一阶段初级产品的生产数量与第二阶段生产的最终产品需要的初级产品的数量平衡，约束条件（3）是初始初级产品的存量要满足最终产品生产的需要以保证生产不中断，约束条件（4）是第一阶段正常生产时设备的最大运行能力约束，约束条件（5）是第二阶段正常生产时设备的最大运行能力约束，约束条件（6）是第一阶段加班生产时设备的最大运行能力约束，约束条件（7）是第二阶段加班生产时设备的最大运行能力约束，约束条件（8）、约束条件（9）是第一阶段和第二阶段生产的产品种类约束，是（0，1）变量，约束条件（10）、约束条件（11）是第一阶段和第二阶段各自的最大库存容量约束，约束条件（12）、约束条件（13）、约束条件（14）是变量的取值范围。

6.4.4　鲁棒优化网络模型构建

鲁棒优化方法不仅可以解决不确定情景下的优化问题，而且能反映决策者的风险偏好程度，因此是处理不确定优化问题的重要方法。

对逆向物流回收再生产网络的研究，传统的方法是将再生产产品数量、库存数量以及设备运行成本等的不确定性取值作为精确值来考虑，模型均假设输入的数据是精确的且等于某些不真实的值。但在实际问题中，这些参数均是不确定的，因此传统的优化方法没有考虑到不确定性对模型的质量及可行性的影响。当有参数变化时，原来的优化模型的可行解的可行性降低甚至不再具有可行解。同时，传统的模型偏于对不确定数据平均值的考虑，忽视了对模型鲁棒性的要求以及对决策者风险偏好的考虑，也使得模型具有一定的不完善性。

为此本书在充分考虑有关参数的不确定性及决策者的风险偏好不确定的基础上，针对传统优化方法的不足，提出逆向物流多产品两阶段再生产鲁棒优化模型。该方法能使诸如再生产产品数量、库存数量以及设备运行成本等不确定性参数发生变化时，模型的优化解免受数据不确定性的影响，对于可能出现的所有不确定性，约束条件均能满足，并且使得最坏情况下的目标函数值最优，同时能够充分考虑决策者的风险偏好，使得模型更具有现实意义。

6.4.4.1 基本原理

考虑如下的线性规划：

min cx+dy

$$\text{s.t.} \begin{cases} Ax \leqslant b \\ Cx + Dy = E \\ x, \ y \geqslant 0 \end{cases} \tag{6.12}$$

式中，x 为设计变量，其最优值不依赖于不确定参数，y 表示一旦不确定参数被观察到时可以调整的控制变量，控制变量的最优值既依赖于不确定参数的实现，又依赖于设计变量的值。第一个约束表示不受不确定性影响的设计约束，另一个约束表示其系数可能受到不确定性限制的控制约束。

定义：$\Omega = \{1, 2, \cdots, s, \cdots, S\}$ 为不确定性的情景集合，令每个情景发生的概率为 p_s，有 $\sum_{s=1}^{S} p_s = 1$。令 $\delta_s = cx + d_s y_s$，于是式（6.12）的鲁棒模型表述为：

$$\min \sum_{s \in \Omega} p_s \delta_s$$

$$\text{s.t.} \begin{cases} Ax \leq b \\ C_s x + D_s y_s = E_s, \ s \in \Omega \\ x \geq 0, \ y_s \geq 0 \end{cases} \tag{6.13}$$

令 $Y = \{y_1, y_2, \cdots, y_s\}$ 是每个情景的控制变量，给定不同情景的实现，不能保证控制约束总是能满足的，于是引入误差变量 $I = \{\eta_1, \eta_2, \cdots, \eta_s\}$ 来度量 $s \in \Omega$ 情景下控制约束中的不可行性，这样鲁棒优化模型进一步表示为：

$$\min \sum_{s \in \Omega} p_s \delta(x, y_1, y_2, \cdots, y_s) + \omega \sum_{s \in \Omega} p_s(\eta_1, \eta_2, \cdots, \eta_s)$$

$$\text{s.t.} \begin{cases} Ax \leq b \\ C_s x + D_s y_s + \eta_s = E_s, \ s \in \Omega \\ x \geq 0, \ y_s \geq 0 \end{cases} \tag{6.14}$$

目标函数中的第一项度量解的鲁棒性，指对于任何一个情景 s 的实现，模型的解都"接近"最优；第二项度量模型鲁棒性，是指对于任何一个情景的实现，模型的解都"几乎"可行。ω 是一个加权系数，以度量模型鲁棒性与解的鲁棒性之间的相对重要性。鲁棒优化模型允许不可行解的出现，实际上是考虑决策者偏好的情况下，获得目标函数最优方案。鲁棒优化方法为折中系统最优性与可行性提供了一种权衡机制，鲁棒优化模型（6.14）正是形式化度量此种折中的一个方法，它同时控制解的鲁棒性和模型鲁棒性。

引入权重系数 λ 和风险偏好系数 ω，定义每种情况下的目标函数如下：

$$\sum_{s \in S} p_s \delta(x, y_1, y_2, \cdots, y_s) = \sum_{s \in \Omega} p_s \delta_s + \lambda \sum_{s \in \Omega} p_s \left| \delta_s - \sum_{s' \in \Omega} p_{s'} \delta_{s'} \right| + \omega \sum_{s \in \Omega} p_s \eta_s$$

为了规范化模型，采用 Yu 和 Li 提出的方法去掉模型中的绝对值符号。

定理： 对于最小化问题：

$$\min = |f(x) - g|, \ x \in F$$

式中，F 为一可行集，可以用如下的模型进行转化：

$$\min z = f(x) - g + 2\delta$$

$$\text{s.t.} \begin{cases} g - f(x) - \delta \leq 0, \ \delta \geq 0 \\ x \in F \end{cases}$$

利用定理的结果对模型进行转化，得到最终的鲁棒优化模型为：

$$\min \sum_{s \in \Omega} p_s \delta_s + \lambda \sum_{s \in \Omega} p_s \left[\left(\delta_s - \sum_{s' \in \Omega} p_{s'} \delta_{s'} \right) + 2\theta_s \right] + \omega \sum_{s \in \Omega} p_s \eta_s$$

$$\text{s.t.} \begin{cases} \delta_s - \sum_{s' \in \Omega} p_{s'} \delta_{s'} + \theta_s \geq 0, \ \theta_s \geq 0 \\ Ax \leq b \\ C_s x + D_s y_s + \eta_s = E_s, \ s \in \Omega \\ x \geq 0, \ y_s \geq 0 \end{cases} \qquad (6.15)$$

6.4.4.2 鲁棒优化模型

本模型将两个生产阶段的正常生产成本、加班生产成本、外包生产成本以及最终产品的市场需求 p_f^{kt}，q_f^{kt}，o_f^{kt}，p_s^{it}，q_s^{it}，o_s^{it}，D_{it} 作为控制变量，分别表示为 $p_f^{kt\xi}$，$q_f^{kt\xi}$，$o_f^{kt\xi}$，$p_s^{it\xi}$，$q_s^{it\xi}$，$o_s^{it\xi}$，D_{it}^{ξ}，其中 ξ 表示不同的情景，同时引入 $\eta_{it\xi}$ 表示约束背离的惩罚因子。

定义每种情景下的目标函数 δ_{ξ}：

$$\delta_{\xi} = \sum_t \sum_k (p_f^{kt\xi} P_f^{kt} + q_f^{kt\xi} Q_f^{kt} + o_f^{kt\xi} O_f^{kt}) + \sum_t \sum_i (p_s^{it\xi} P_s^{it} + q_s^{it\xi} Q_s^{it} + o_s^{it\xi} O_s^{it})$$

$$+ \sum_t \sum_k h_f^{kt} H_f^{kt} + \sum_t \sum_i h_s^{it} H_s^{it\xi} + \sum_t \sum_i b_s^{it} B_s^{it\xi} + \sum_t \sum_k \sum_l r_f^{klt} Y_f^{kt}$$

$$+ \sum_t \sum_i \sum_j r_s^{ijt} Y_s^{it}$$

这样得到的最终鲁棒优化模型为：

$$\min f = \sum_{\xi \in \Omega} p_{\xi} \delta_{\xi} + \lambda \sum_{\xi \in \Omega} p_{\xi} \left[\left(\delta_{\xi} - \sum_{\xi' \in \Omega} p_{\xi'} \delta_{\xi'} \right) + 2\theta_{\xi} \right] + \omega \sum_{\xi \in \Omega} \sum_t \sum_i p_{\xi} \eta_{it\xi} \qquad (6.16)$$

$$
\text{s.t.}
\begin{cases}
P_f^{kt} + Q_f^{kt} + O_f^{kt} + H_f^{k(t-1)} - H_f^{kt} = \sum_i d_{ik}(P_s^{it} + Q_s^{it}) \\[2ex]
O_f^{k0} + H_f^{k0} = \sum_t^{t-1} \sum_i d_{ik}(P_s^{it} + Q_s^{it}) \\[2ex]
\sum_k a_f^{kl} P_f^{kt} + b_f^{kl} Y_f^{kt} \leqslant C_f^{lt} \\[2ex]
\sum_i a_s^{ij} P_s^{it} + b_s^{ij} Y_s^{it} \leqslant C_s^{jt} \\[2ex]
\sum_k a_f^{kl} Q_f^{kt} \leqslant \gamma_{lt} C_f^{lt} \\[2ex]
\sum_i a_s^{ij} Q_s^{it} \leqslant \gamma_{jt} C_s^{jt} \\[2ex]
P_f^{kt} + Q_f^{kt} \leqslant MY_f^{kt} \\[2ex]
P_s^{it} + Q_s^{it} \leqslant MY_s^{it} \\[2ex]
\sum_k v_f^{k} H_f^{kt} \leqslant H_f^{max} \\[2ex]
\sum_i v_s^{i} H_s^{it} \leqslant H_s^{max} \\[2ex]
Y_f^{kt},\ Y_s^{it} = \{0,\ 1\} \\[2ex]
P_f^{kt},\ Q_f^{kt},\ O_f^{kt},\ P_s^{it},\ Q_s^{it},\ O_s^{it},\ B_s^{it},\ H_f^{kt},\ H_s^{it} \geqslant 0 \\[2ex]
i,\ j,\ k,\ l,\ t \geqslant 0,\ i,\ j,\ k,\ l,\ t \in N \\[2ex]
\delta_\xi - \sum_{\xi' \in \Omega} p_{\xi'} \delta_{\xi'} + \theta_\xi \geqslant 0,\ \theta_\xi \geqslant 0 \\[2ex]
P_s^{it} + Q_s^{it} + O^{it} + B_s^{it\xi} - B_s^{i(t-1)\xi} + H_s^{i(t-1)\xi} - H_s^{it\xi} + \eta_{it\xi} = D_{it}^{\xi}
\end{cases}
$$

其中，约束条件（15）为鲁棒约束，约束条件（15）为不满足需求的惩罚约束条件。这样经过转化后的模型即为逆向物流多产品两阶段再生产动态鲁棒优化模型，该模型是一个混合整数线性规划模型，可以用 LINGO 等数学优化软件进行求解。

6.4.5　算例仿真

考虑一个逆向物流多产品两阶段再生产动态网络，有 6 个运营周期，5 种初级产品，2 种最终产品，初级产品的生产设备有 2 个，最终产品的生产设备有 2 个。已知 $\gamma_{lt} = \gamma_{jt} = 0.45$，$\xi = 3$，3 种情景下的概率分别为 0.25、0.45、0.3，$h_f^{kt} = 8$，并设 $O_f^{k0} = H_f^{k0} = 0$，其余相关参数的取值如表 6.4~表 6.12 所示。

表 6.4　第一生产阶段成本

单位：元

k	ξ	正常生产成本	加班生产成本	外包生产成本
1	0.25	32	67	83
	0.45	30	62	79
	0.3	28	58	75
	0	30	62	78
2	0.25	25	60	75
	0.45	22	57	79
	0.3	19	54	83
	0	23	57	80
3	0.25	21	55	76
	0.45	18	55	73
	0.3	15	50	70
	0	20	54	72
4	0.25	20	53	75
	0.45	16	45	65
	0.3	12	47	68
	0	15	50	70
5	0.25	15	51	86
	0.45	13	46	88
	0.3	11	50	90
	0	12	50	87

表 6.5　第一阶段设备的运行参数

单位：小时

l	设备 1					设备 2				
k	1	2	3	4	5	1	2	3	4	5
a_f^{kl}	0.8	1	0.7	0	0	0.65	0.5	0.3	0.4	0.54
b_f^{kl}	0.7	0.7	0	0	0	0	0	0.6	0	0.7
r_f^{kh}	46	59	20	0	0	23	18	24	21	19

表 6.6　第二阶段各项成本

单位：元

i	ξ	正常生产成本	加班生产成本	外包生产成本
1	0.25	75	90	147
	0.45	77	92	135
	0.3	76	95	128
	0	76	92	130
2	0.25	58	87	123
	0.45	55	85	108
	0.3	52	83	99
	0	54	85	100

表 6.7　最终产品的需求预测

i	ξ	t=1	t=2	t=3	t=4	t=5	t=6
1	0.25	2000	2200	1400	2000	1600	2500
	0.45	1800	2100	1650	1800	1500	2300
	0.3	1500	1700	1200	1500	1100	2000
	0	1800	2000	1500	1800	1300	2200
2	0.25	1300	1500	1230	1300	1200	1600
	0.45	1050	1200	900	1050	950	1400
	0.3	1200	1420	1000	1200	1040	1550
	0	1100	1300	1100	1100	1100	1500

表 6.8   第二阶段设备的运行参数

单位：小时

i	i	a_s^{ij}	b_s^{ij}	r_s^{ijt}
1	1	1.8	2.1	36
	2	2.1	2.4	42
2	1	1.5	2	32
	2	1.9	2.3	38

表 6.9   设备的最大运行能力

单位：小时

阶段	设备	t=1	t=2	t=3	t=4	t=5	t=6
1	1	6500	6300	6100	6000	6200	6500
	2	5400	5400	5200	5000	5100	5300
2	1	4000	4200	4100	4100	4000	4200
	2	3200	3000	3100	3100	3000	3200

表 6.10 d_{ik} 相关参数

单位：小时

i	1					2				
k	1	2	3	4	5	1	2	3	4	5
d_{ik}	2	2	1	1	3	1	0	0	2	3

表 6.11   第二阶段的单位库存成本与缺货成本

单位：元

参数	产品	t=1	t=2	t=3	t=4	t=5	t=6
h_s^{it}	1	20	20	20	20	20	20
	2	18	18	18	18	18	18
b_s^{it}	1	150	150	150	150	150	150
	2	80	80	80	80	80	80

表 6.12　最大库存量

单位：件

阶段	t = 1	t = 2	t = 3	t = 4	t = 5	t = 6
1	8000	8000	8200	8100	8000	8000
2	5000	5100	5300	5300	5300	5000

根据所提供的参数，在 Intel（R）Core（TM）2 Duo CPU T6600 2.20GHz 处理器，内存为 2G 的联想个人笔记本电脑上，利用 LINGO9.0 软件对本书建立的基础优化模型和鲁棒优化模型分别进行求解运算，得出各自的结果。

现将两种优化模型的部分运算结果对比如下：

（1）基础优化模型和鲁棒优化模型最优解的比较。通过仿真优化运算，得出基础优化模型的最优解为 17185，鲁棒优化模型的最优解为 14928，可以看出鲁棒优化模型的解要优于基础优化模型。因此本书建立的鲁棒优化模型可以更有效地降低逆向物流再生产网络的运作成本，同时能使相关企业有效地对成本进行控制。

（2）对不同周期内的基础优化模型的最优确定解与鲁棒优化模型的最优解进行比较。比较结果如表 6.13 所示。可以看出，鲁棒优化模型最优解的振荡幅度和可控性要优于基础优化模型的最优解，因此能更好地对不确定性风险做出规避。

表 6.13　模型解的比较

周期	1	2	3	4	5	6
基础优化模型解	16347	18718	14964	17041	15293	20849
鲁棒优化模型解	14928	17227	14050	16407	14077	18908
相对差	0.0868	0.0765	0.0610	0.0372	0.0795	0.0931

将基础优化模型和鲁棒优化模型的解进行对比，结果如图 6.10 所示。

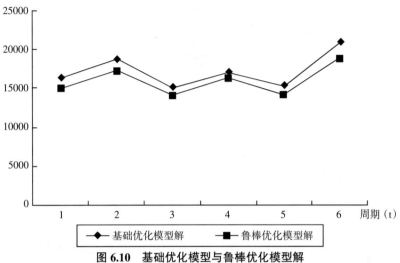

图 6.10　基础优化模型与鲁棒优化模型解

　　将鲁棒优化模型的解与基础优化模型的解进行比较时可看出，鲁棒优化模型确立的逆向物流多产品两阶段再生产网络运作成本能控制在不超过最优成本 10%的范围内，这样的结果是可以接受的，说明需求不确定下的鲁棒优化模型解的性能良好，也说明鲁棒优化模型是合理的，能有效地对成本进行优化和控制。

6.4.6　灵敏度分析

6.4.6.1　风险偏好系数

　　固定权重系数 λ，当风险偏好系数 ω 变化时，得到的结果如表 6.14 所示。当 λ 取值相同时（如 $\lambda=1$），随着 ω 的增大，目标函数取值逐渐增大，同时不满足需求的惩罚因子 η_{itg} 的取值逐渐减小。说明当 ω 增大时，

表 6.14　不同 ω 下的目标函数值

$\lambda=1$	$\omega=1$	$\omega=5$	$\omega=10$	$\omega=15$	$\omega=20$	$\omega=25$
目标函数	14928	74640	149280	223920	298493	372950
η_{itg}	2000	1417	1373	1266	1183	1043

不可行解的数量在逐渐减少，使得模型的鲁棒性逐渐增强，这与 ω 在鲁棒优化模型理论中的含义一致。

根据表 6.14 的结果，对目标函数值进行分析，得到图 6.11。随着风险偏好的增加，目标函数值也在增加，说明鲁棒性的增加是以成本的增加为代价的。运作风险越大，各种不确定因素越大，WEEE 第三方逆向物流网络的安全性越差，同时造成的各种成本会急剧增加。因此在实际运行中，要合理地控制网络风险，同时减少各种不确定成本的支出，在较安全的环境中运行，企业才能达到预期的收益。

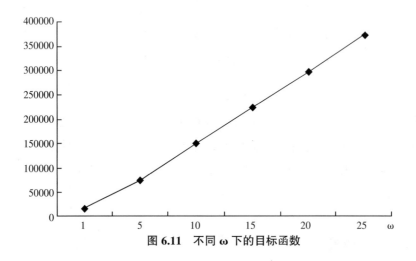

图 6.11　不同 ω 下的目标函数

从惩罚因子看（见图 6.12），随着风险偏好系数 ω 的增大，不可行解的数量逐渐减少，从而惩罚因子的值逐渐减小，模型的鲁棒性增加。说明尽量满足所有的约束条件，模型会变得复杂，但可以使模型最大限度地保持稳健。该模型可以较准确地反映出决策者对风险的偏好程度，从而能更好地保证网络的安全性。

6.4.6.2　权重系数

固定风险偏好系数 ω，当权重系数 λ 变化时，得到的结果如表 6.15 所示。可以看出，当 ω 取值相同时（此处取值为 ω=1），随着 λ 的增大，目标函数值逐渐增大，解的鲁棒性逐渐增强，这与 λ 在鲁棒优化模型理论中的含义一致。

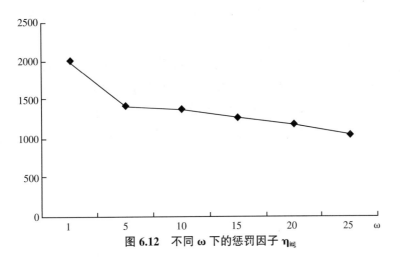

图 6.12　不同 ω 下的惩罚因子 $\eta_{it\xi}$

表 6.15　不同 λ 下的目标函数

ω=1	λ=1	λ=2	λ=3	λ=4	λ=5	λ=6
目标函数	14928	16263	17268	18459	19032	19251
$\eta_{it\xi}$	2000	2100	2200	2300	2500	2620

根据表 6.15 的结果，对目标函数值进行分析，可得图 6.13。权重系数 λ 体现了解的鲁棒性和模型的鲁棒性之间的权衡，随着 λ 的增大，目

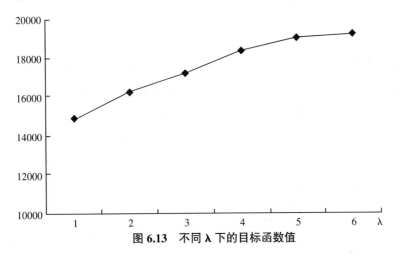

图 6.13　不同 λ 下的目标函数值

标函数的值在增加。也就是说，解的鲁棒性的增加是以解的不可行性的增加为代价的，λ 越大，决策者在决策时越保守，规避风险的结果导致了网络运行成本的增加。

从惩罚因子看（见图 6.14），随着权重系数 λ 的增大，惩罚因子的值在扩大，不可行解的数量增加，解的鲁棒性增加。说明最大限度地规避风险，可以获取最优的解，但会导致模型的不稳定和成本的上升，规避风险要以成本上升为代价。该模型同样可以较准确地反映决策者对风险的偏好程度，从而能更好地保证网络的安全性。

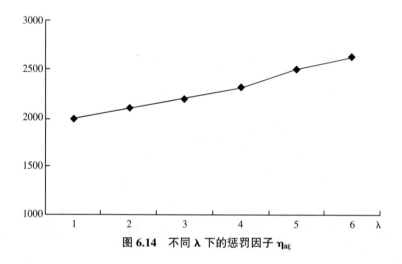

图 6.14　不同 λ 下的惩罚因子 η_{itg}

通过分析可知，上述模型中参数 λ 和 ω 既能使模型具有鲁棒性，又使得模型具有可行性，鲁棒优化模型确立的逆向物流再生产运作网络，能提高网络运作的稳定性。实际决策时需要决策者在成本最优和风险最小之间进行权衡，既考虑系统运作的稳定性和可控性，又要避免各种无效成本的投入。

6.4.7　模型小结

多产品两阶段逆向物流再生产网络鲁棒优化模型能够充分考虑不确

定因素和偏好风险，同时考虑解的鲁棒性和模型的鲁棒性，仿真结果显示该模型能提高逆向物流再生产网络的可控制性，优化运行成本。在对建立的鲁棒优化模型与基础优化模型进行比较时可知，鲁棒优化模型的解要优于基础优化模型的解。也就是说，鲁棒优化模型能更好地降低逆向物流再生产网络运作时的成本，增强系统运作的鲁棒性，并且充分考虑决策者的风险偏好，能更好地对逆向物流再生产网络的运作风险进行规避，因此本部分建立的鲁棒优化模型可以为逆向物流再生产网络的优化设计提供思路。

6.5 回收不确定下的 WEEE 第三方逆向物流网络优化

电器电子废弃物（WEEE）存在对环境和人体健康的危害，有效地对其进行回收能避免此类危害和提高资源的利用率。WEEE 逆向物流回收网络的设计为实现这一目标起到了关键的作用。本章考虑 WEEE 逆向物流网络运作的不确定性，引入风险偏好系数和约束背离惩罚系数，建立了 WEEE 逆向物流网络的鲁棒优化模型。该模型允许决策者对系统运作的鲁棒水平进行调节，同时允许决策者对风险偏好进行调节。仿真结果表明，建立的模型能有效地抑制逆向物流系统运作的不确定性，使系统具有更小的风险。

6.5.1 研究背景

本书在现有文献的研究基础上，针对风险及不确定性，考虑 WEEE 逆向物流回收数量的不确定性和逆向物流系统运作的成本最优，综合考虑不同决策者的决策习惯，引入风险偏好系数和背离约束惩罚系数，以

WEEE 逆向物流运作系统的成本最小化为目标，建立了不确定环境下WEEE 逆向物流网络运作的鲁棒优化模型，并通过算例说明了模型在决策中的应用，为 WEEE 逆向物流网络的设计和运作提供新的思路。WEEE的回收过程如下：由集中地运至回收处理场所，经过分类、分选后送到原材料再生利用企业或作为终端废弃物处置。收集点、集中转运站、回收处理场所以及终端处理场等节点设施是不可或缺的。本书对 WEEE 的回收网络进行抽象，得出 WEEE 逆向物流再制造网络系统，如图 6.15 所示。

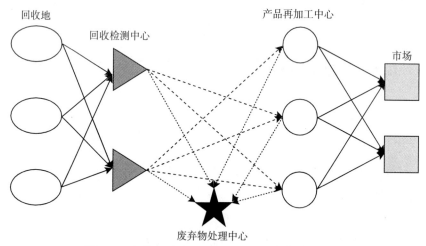

图 6.15　回收不确定下 WEEE 第三方逆向物流网络

在本系统中，回收物品经过回收检测中心后，有对回收物品进行再制造和废弃处置两种处理方式，其中废弃物的部分送往废弃物处理中心进行处理，可利用的部分运往产品再加工中心进行再加工，再加工期间产生的废弃物运往废弃物处理中心进行处理，然后将再制造的最终产品进行销售。

回收不确定下逆向物流网络优化的主要任务是，在给定逆向物流网络运作周期以及逆向物流运作系统的产品回收成本、废弃物处置成本、设备运作成本以及其他运作成本的情况下，确定各周期内逆向物流系统设施的最优数量以及最优成本。

6.5.2 参数定义

规定参数和变量的符号如下：

$i \in I$：逆向物流回收地集合；

$j \in J$：回收检测中心集合；

$k \in K$：产品再加工中心集合；

$m \in M$：废弃物处理中心集合；

$s \in S$：情景集合；

$t \in T$：周期集合；

$C_{r(t)}^{ijt}$：t 周期 i 回收地到 j 逆向物流回收检测中心的单位运输成本；

$C_{r(p)}^{ijt}$：t 周期 i 回收地到 j 逆向物流回收检测处理中心的单位固定成本；

$d_{r(p)}^{ijt}$：t 周期 i 回收地到 j 逆向物流回收检测中心的距离；

$C_{r(t)}^{jkt}$：t 周期有使用价值的回收物从 j 检测中心到 k 再加工中心的单位运输成本；

$C_{r(p)}^{jkt}$：t 周期有使用价值的回收物从 j 检测中心到 k 再加工中心的单位固定成本；

$d_{r(p)}^{jkt}$：j 检测中心到 k 再加工中心距离；

$C_{r(t)}^{jmt}$：t 周期无使用价值的回收物从 j 检测中心到 m 废弃物处理中心的单位运输成本；

$C_{r(p)}^{jmt}$：t 周期无使用价值的回收物从 j 检测中心到 m 废弃物处理中心的单位固定成本；

$d_{r(p)}^{jmt}$：t 周期 j 检测中心到 m 废弃物处理中心的距离；

$C_{r(t)}^{kmt}$：t 周期 k 再加工中心加工过程中产生的废弃物到 m 废弃物处理中心的单位运输成本；

$C_{r(p)}^{kmt}$：t 周期 k 再加工中心加工过程中产生的废弃物到 m 废弃物处理中心的单位固定成本；

$d_{r(p)}^{kmt}$：t 周期 k 再加工中心加工过程中产生的废弃物到 m 废弃物处理

中心的距离；

α_{ij}：回收废弃物的可利用比例；

β_{jk}：可利用产品的再制造率；

FC_j^t：t 周期在 j 点设立回收中心时的固定成本；

FC_m^t：t 周期在 m 点设立废弃物处理中心时的固定成本；

p_{ij}^t：t 周期逆向物流回收的单位成本；

r_{jm}^t：t 周期废弃物处理的单位成本；

e_{jk}^t：t 周期废弃物再加工时设备的单位运行成本；

C_I^t：t 周期逆向物流系统的回收检测中心最大容量；

C_C^t：t 周期逆向物流系统的再加工中心最大运行能力；

C_D^t：t 周期逆向物流系统的废弃物处理中心最大容量。

决策变量：

q_{ij}^t：t 周期从 i 回收地到 j 回收检测中心的回收物数量；

q_{jk}^t：t 周期从 j 回收地到 k 再加工中心的可利用原材料数量；

q_{jm}^t：t 周期从 j 检测中心到 m 废弃物处理中心的废弃物数量；

q_{km}^t：t 周期 k 再加工中心加工过程中产生的废弃物到 m 废弃物处理中心的数量；

Y_j^t：是否设立回收检测中心，如果是，$Y_j^t = 1$，否则，$Y_j^t = 0$；

Y_m^t：是否设立废弃物处理中心，如果是，$Y_m^t = 1$，否则，$Y_m^t = 0$。

6.5.3　基础模型的建立

6.5.3.1　能力约束条件

回收检测中心能力约束：

$$\sum_i \sum_j Y_j^t \cdot q_{ij}^t \leq C_I^t$$

废弃物处理中心能力约束：

$$\sum_j \sum_m Y_m^t \cdot q_{jm}^t + \sum_k \sum_m Y_m^t \cdot q_{km}^t \leq C_D^t$$

再生产设备的能力约束：

$$\sum_j \sum_k q_{jk}^t \leqslant C_C^t$$

能力变量与选址变量存在如下的约束：

$$\Phi Y_j \geqslant C_r^t$$

$$\Phi Y_m \geqslant C_p^t$$

其中，Φ 为足够大的正数。

6.5.3.2　节点流量平衡条件

回收数量平衡：

$$\sum_j q_{ij}^t \leqslant q_i^t$$

回收检测中心流量平衡：

$$\sum_t \sum_i \sum_j q_{ij}^t = \sum_t \sum_j \sum_k q_{jk}^t + \sum_t \sum_j \sum_m q_{jm}^t$$

再加工中心流量平衡：

$$\sum_t \sum_i \sum_j (1 - \alpha_{ij}) \cdot q_{ij}^t = \sum_t \sum_j \sum_m q_{jm}^t$$

废弃物处理中心流量平衡：

$$\sum_t \sum_i \sum_j \alpha_{ij} \cdot q_{ij}^t = \sum_t \sum_j \sum_k q_{jk}^t$$

$$\sum_t \sum_j \sum_k (1 - \beta_{jk}) q_{jk}^t = \sum_t \sum_k \sum_m q_{km}^t$$

6.5.3.3　目标函数的建立

设施建设成本：

$$\xi_1 = \sum_t \sum_j FC_j^t \cdot Y_j^t + \sum_t \sum_m FC_m^t \cdot Y_m^t$$

运输成本：

$$\xi_3 = \sum_t \sum_i \sum_j \ (C_{r(t)}^{ijt} + C_{r(p)}^{ijt}) \cdot d_{r(p)}^{ijt} \cdot q_{ij}^t + \sum_t \sum_j \sum_k \ (C_{r(t)}^{jkt} + C_{r(p)}^{jkt}) \cdot d_{r(p)}^{jkt} \cdot q_{jk}^t$$

$$+ \sum_t \sum_k \sum_m \ (C_{r(t)}^{kmt} + C_{r(p)}^{kmt}) \cdot d_{r(p)}^{kmt} \cdot q_{km}^t + \sum_t \sum_j \sum_m \ (C_{r(t)}^{jmt} + C_{r(p)}^{jmt}) \cdot d_{r(p)}^{jmt} \cdot q_{jm}^t$$

回收成本、废弃物处理成本、加工设备运行成本：

$$\xi_2 = \sum_t \sum_i \sum_j q_{ij}^t \cdot p_{ij}^t + \sum_t \sum_j \sum_m r_{jm}^t \cdot (1-\alpha_{ij}) \cdot q_{jm}^t$$

$$+ \sum_t \sum_k \sum_m r_{jm}^t \cdot \alpha_{ij} \cdot \beta_{jk} \cdot q_{km}^t + \sum_t \sum_j \sum_k e_{jk}^t \cdot \alpha_{ij} \cdot \beta_{jk} \cdot q_{jk}^t$$

于是逆向物流系统总成本为：

$$\xi = \xi_1 + \xi_2 + \xi_3$$

$$= \sum_t \sum_j FC_j^t \cdot Y_j^t + \sum_t \sum_m FC_m^t \cdot Y_m^t + \sum_t \sum_i \sum_j q_{ij}^t \cdot p_{ij}^t + \sum_t \sum_j \sum_m r_{jm}^t \cdot (1-\alpha_{ij}) \cdot q_{jm}^t$$

$$+ \sum_t \sum_k \sum_m r_{jm}^t \cdot \alpha_{ij} \cdot \beta_{jk} \cdot q_{km}^t + \sum_t \sum_j \sum_k e_{jk}^t \cdot \alpha_{ij} \cdot \beta_{jk} \cdot q_{jk}^t$$

$$+ \sum_t \sum_i \sum_j (C_{r(t)}^{ijt} + C_{r(p)}^{ijt}) \cdot d_{r(p)}^{ijt} \cdot q_{ij}^t + \sum_t \sum_j \sum_k (C_{r(t)}^{jkt} + C_{r(p)}^{jkt}) \cdot d_{r(p)}^{jkt} \cdot q_{jk}^t$$

$$+ \sum_t \sum_k \sum_m (C_{r(t)}^{kmt} + C_{r(p)}^{kmt}) \cdot d_{r(p)}^{kmt} \cdot q_{km}^t + \sum_t \sum_j \sum_m (C_{r(t)}^{jmt} + C_{r(p)}^{jmt}) \cdot d_{r(p)}^{jmt} \cdot q_{jm}^t$$

$$\tag{6.17}$$

$$\text{s.t.} \begin{cases} \sum_i \sum_j Y_j^t q_{ij}^t \leqslant C_I^t \\[6pt] \sum_j \sum_m Y_m^t \cdot q_{jm}^t + \sum_k \sum_m Y_m^t \cdot q_{km}^t \leqslant C_D^t \\[6pt] \sum_j \sum_k q_{jk}^t \leqslant C_C^t \\[6pt] \Phi Y_j \geqslant C_r^t \\[6pt] \Phi Y_m \geqslant C_p^t \\[6pt] \sum_j q_{ij}^t = q_i^t \\[6pt] \sum_t \sum_i \sum_j q_{ij}^t = \sum_t \sum_j \sum_k q_{jk}^t + \sum_t \sum_j \sum_m q_{jm}^t \\[6pt] \sum_t \sum_i \sum_j (1-\alpha_{ij}) \cdot q_{ij}^t = \sum_t \sum_j \sum_m q_{jm}^t \\[6pt] \sum_t \sum_i \sum_j \alpha_{ij} \cdot q_{ij}^t = \sum_t \sum_j \sum_k q_{jk}^t \\[6pt] \sum_t \sum_j \sum_k (1-\beta_{jk}) q_{jk}^t = \sum_t \sum_k \sum_m q_{km}^t \\[6pt] Y_j^t, \ Y_m^t \in \{0, 1\} \\[6pt] C_r^t, \ C_p^t \geqslant 0 \\[6pt] q_{ij}^t, \ q_{jk}^t, \ q_{jm}^t, \ q_{km}^t \geqslant 0 \\[6pt] \forall i \in I, \ j \in J, \ k \in K, \ m \in M, \ t \in T \end{cases}$$

6.5.4　鲁棒优化模型的建立

不确定性优化理论主要包括三种类型：随机规划方法、模糊规划方法和鲁棒优化方法。随机规划是基于不确定参数的精确的概率分布的，然而实际问题中由于条件的限制，往往无法得到足够的信息来构造精确的概率分布。所以实际求解中，决策者对于随机变量的分布类型和参数值通常会采取一定程度上的近似和假设。模糊规划整个求解过程的前提是获得不确定参数的精确模糊隶属度函数。但在实际应用中，决策者往往只能够通过有限的数据样本和自己的经验来确定隶属度函数，这很可能会给求解带来较大的误差。

鲁棒优化中不确定性参数的概率分布是未知的，描述这些不确定性的方法是通过离散的情景或是连续的区间范围，其目的是能够找到一个近似最优解，这个近似最优解能够对任意的不确定性参数的观测值不敏感。鲁棒优化的最大特点是不仅强调数学期望值，同时关注不同目标函数值之间的差异，它增加了系统对鲁棒性的优化，通过鲁棒性和传统目标函数的权衡，兼顾鲁棒性和成本。鲁棒优化方法作为一种处理不确定问题的强有力工具，已经在众多领域得到成功的应用。因此本书采用鲁棒优化方法对回收不确定下 WEEE 逆向物流网络进行建模。

对于给定的情景 s，如果模型的参数确定，就是逆向物流运作成本最小化的经典确定性优化模型。令 ξ_s^* 表示优化问题 Q_s 的目标函数值，且 $\xi_s^* > 0$。设 $\gamma \geq 0$ 为给定的常数，X 是所有问题 Q_s 的可行解，ξ_s^* 是问题 Q_s 在解 X 下的目标函数值。

若对于所有的 $s \in S$ 有：

$$\xi_s \leq \xi_s^*(1+\gamma)$$

则 X 称为逆向物流网络设计的 γ-鲁棒解，该式左端称为情景 s 下的相对遗憾。可以看出，逆向物流网络设计可以存在多个鲁棒解，鲁棒优化的目的在于找到最优的鲁棒解。

设 p_s 表示情景 s 实现的概率，令 t 周期的系统决策变量 q_{ij}^t，q_{jk}^t，q_{jm}^t，q_{km}^t 为控制变量，分别表示为 q_{ijs}^t，q_{jks}^t，q_{jms}^t，q_{kms}^t，随不同情景 s 变化，由此建立逆向物流网络设计的鲁棒优化模型：

$$\min \sum_{s \in S} p_s \xi_s$$

引入权重系数 λ、ω_{ijs} 分别为决策者的风险偏好系数以及约束背离的惩罚系数，建立如下的鲁棒优化模型：

$$\min f = \sum_t \sum_{s \in S} p_s \xi_s + \lambda \sum_t \sum_{s \in \Omega} p_s \left| \xi_s - \sum_{s' \in \Omega} p_{s'} \xi_{s'} \right| + \sum_t \sum_{s \in S} p_s \sum_i \sum_j \omega_{ijs} \delta_{ijs}$$

目标函数第一项为期望成本，第二项代表所求变量的期望与特定情景下的值的偏差，λ 是目标函数风险系数，可以体现出决策者对于系统经济性和风险性的态度，通过它的取值来权衡目标函数值和参数化风险。当 λ=0 时，鲁棒模型代表决策者不重视系统的安全性；而 λ=1 代表决策者是一个逆风险者，强调在追求系统鲁棒性的基础上，再追求系统的经济性。目标函数中的前二项度量解鲁棒性，指对于任何一个情景 s 的实现，模型的解都"接近"最优。

目标函数第三项可行性罚项是对模型鲁棒性的测度，它用来惩罚某些情景与约束条件的冲突。惩罚系数 ω 用来得到一系列的优化解，以协调模型的优化性和鲁棒性。惩罚函数的引入使鲁棒优化模型区别于现有的处理噪声数据的所有方法。惩罚函数的构造依赖于所描述系统的特殊形式，也与相应的求解算法有关。

为了规范化模型，这里同样采用 Yu 和 Li 提出的方法，得到鲁棒优化模型为：

$$\min f = \sum_t \sum_{s \in S} p_s \xi_s + \lambda \sum_t \sum_{s \in S} p_s \left[\left(\xi_s - \sum_{s' \in S} p_{s'} \xi_{s'} \right) + 2\theta_s \right] + \sum_t \sum_{s \in S} p_s \sum_i \sum_j \omega_{ijs} \delta_{ijs}$$

$$(6.18)$$

$$\text{s.t.}\begin{cases} \xi_s - \sum_{s \in S} p_s \xi_s + \theta_s \geqslant 0 \\[6pt] \xi_s \leqslant (1+\gamma) \xi_s^* \\[6pt] \forall i \in I, \ j \in J, \ k \in K, \ m \in M, \ t \in T \\[6pt] \sum_i \sum_j Y_j^t \cdot q_{ij}^t \leqslant C_I^t \\[6pt] \sum_j \sum_m Y_m^t \cdot q_{jm}^t + \sum_k \sum_m Y_m^t \cdot q_{km}^t \leqslant C_D^t \\[6pt] \sum_j \sum_k q_{jk}^t \leqslant C_C^t \\[6pt] \Phi Y_j \geqslant C_r^t \\[6pt] \Phi Y_m \geqslant C_p^t \\[6pt] \sum_j q_{ij}^t = q_i^t \\[6pt] \sum_t \sum_i \sum_j q_{ij}^t = \sum_t \sum_j \sum_k q_{jk}^t + \sum_t \sum_j \sum_m q_{jm}^t \\[6pt] \sum_t \sum_i \sum_j (1-\alpha_{ij}) \cdot q_{ij}^t = \sum_t \sum_j \sum_m q_{jm}^t \\[6pt] \sum_t \sum_i \sum_j \alpha_{ij} \cdot q_{ij}^t = \sum_t \sum_j \sum_k q_{jk}^t \\[6pt] \sum_t \sum_i \sum_k (1-\beta_{jk}) q_{jk}^t = \sum_t \sum_k \sum_m q_{km}^t \\[6pt] Y_j^t, \ Y_m^t \in \ \{0, \ 1\} \\[6pt] C_r^t, \ C_p^t \geqslant 0 \\[6pt] p_{s'} \leqslant p_s, \ \xi_{s'} \leqslant \xi_s, \ \theta_s \geqslant 0, \ \gamma \geqslant 0 \\[6pt] q_{ijs}^t, \ q_{jks}^t, \ q_{jms}^t, \ q_{kms}^t, \ \theta_s \geqslant 0 \\[6pt] \forall i \in I, \ j \in J, \ k \in K, \ m \in M, \ t \in T \end{cases}$$

式中，θ_s 为松弛变量，该变量可以保证模型解的稳定性与可靠性，同时可以保证约束永不为负。

该模型中第一项表示期望成本，第二项表示成本偏差，第三项表示约束背离的惩罚函数，总目标为逆向物流网络运作的成本最小。约束条件（13）为鲁棒优化条件约束，约束条件（14）为给定情景下的目标函数值不超过确定性最优函数值的范围，约束条件（15）、约束条件（16）

为变量的取值范围。

6.5.5 算例仿真

设计一个回收不确定的 WEEE 逆向物流网络，有 6 个运营周期，5 个回收地，2 个再制造中心，4 个候选回收检测中心和 3 个候选废弃物处理中心。已知 $\alpha_{ij}=\beta_{jk}=0.7$，$p_{ij}^t=100$，$r_{jm}^t=150$，$e_{jk}^t=120$，$s=4$，每个情景的发生概率分别为 0.2，0.25，0.35，0.2。其余参数的取值见表 6.16~表 6.24。

表 6.16　回收数量预测

t	t=1	t=2	t=3	t=4	t=5	t=6
1	1200	1420	1000	1200	1040	1550
2	1050	1200	900	1050	950	1400
3	1300	1500	1230	1300	1200	1600
4	1500	1700	1200	1500	1100	2000
5	1800	2100	1650	1800	1500	2300

表 6.17　检测中心到再制造中心的成本

检测中心 j		j=1			j=2			j=3			j=4	
费用		单位运价	其他成本	距离	单位运价	其他成本	距离	单位运价	其他成本	距离	单位运价	其他成本	距离
再制造中心 k	1	35	45	100	30	50	210	40	44	200	50	50	103
	2	40	50	85	40	55	150	45	67	95	50	65	55

表 6.18　回收地到候选检测中心的成本

i		i=1			i=2			i=3			i=4			i=5	
费用	单位运价	其他成本	距离	单位运价	其他成本	距离	单位运价	其他成本	距离	单位运价	其他成本	距离	单位运价	其他成本	距离
j=1	35	45	35	30	50	260	40	44	300	50	50	75	47	80	240
j=2	40	50	400	40	55	60	45	67	145	50	65	100	50	66	100
j=3	45	55	380	50	50	105	37	80	210	50	70	85	53	43	88
j=4	50	60	420	60	45	420	50	58	165	50	58	230	50	50	150

表 6.19   检测中心到废弃处理中心的成本

检测中心 j		j=1			j=2			j=3			j=4		
费用		单位运价	其他成本	距离	单位运价	其他成本	距离	单位运价	其他成本	距离	单位运价	其他成本	距离
废弃处理中心 m	1	45	55	204	50	50	75	37	80	145	56	70	250
	2	50	60	150	60	45	100	40	20	75	60	58	300
	3	55	65	180	70	50	25	50	56	100	65	60	145

表 6.20   再制造中心到废弃处理中心的成本

k		k=1			k=2		
费用		单位运价	其他成本	距离	单位运价	其他成本	距离
m	1	37	55	95	70	40	162
	2	80	60	200	53	37	84
	3	56	65	145	43	48	57

表 6.21   设立废弃物处理中心时的固定成本

m	t=1	t=2	t=3	t=4	t=5	t=6
1	12	10	14	15	16	17
2	10	17	20	22	24	26
3	8.5	10.5	11	18	25	32

表 6.22   设立回收中心时的固定成本

j	t=1	t=2	t=3	t=4	t=5	t=6
1	10	12	14	16	18	20
2	5.4	8	8.5	10	14	18
3	8	14	18	18	22	26
4	14	6	15	20	25	29

表 6.23   相关设施的容量

容量	t=1	t=2	t=3	t=4	t=5	t=6
C_I^t	8500	8500	9000	9500	10000	10000
C_C^t	6600	6600	7000	7000	8000	8000
C_D^t	8000	8000	8200	8100	8000	8000

表 6.24 不同情景下回收地的回收数量

t	p_s	i=1	i=2	i=3	i=4	i=5
1	0.2	900	850	1150	1200	600
	0.25	1000	960	1230	1240	750
	0.35	1050	970	1370	1360	730
	0.2	1130	1050	1300	1270	820
	1	1100	950	1250	1300	800
2	0.2	920	880	1200	1240	650
	0.25	1020	930	1350	1340	700
	0.35	1120	980	1450	1380	720
	0.2	1300	1030	1500	1400	750
	1	1100	1000	1300	1380	700
3	0.2	960	900	1230	1250	700
	0.25	1100	960	1280	1320	740
	0.35	1290	1030	1360	1390	800
	0.2	1400	1100	1400	1490	800
	1	1200	1000	1350	1400	800
4	0.2	1000	950	1200	1200	720
	0.25	1200	1050	1300	1250	790
	0.35	1400	1150	1400	1300	840
	0.2	1600	1000	1490	1300	800
	1	1300	1200	1400	1350	780
5	0.2	1200	960	1000	1200	830
	0.25	1260	970	960	1160	900
	0.35	1270	980	1040	1080	970
	0.2	1380	990	1200	1100	970
	1	1250	950	1000	1100	970
6	0.2	1150	1300	1100	1350	890
	0.25	1100	1360	1200	1100	940
	0.35	1150	1250	1050	1350	900
	0.2	1200	1400	1000	1250	1030
	1	1150	1300	1200	1200	950

6.5.5.1 基础模型结果

根据上文的数据，对基础模型进行求解。基础模型为混合整数规划，有 327 个变量和 94 个约束条件，通过 LINGO11.0 进行编程求解，得出逆向物流网络规划的全局最优解为 727891500 元，运算结果如图 6.16 所示。

Local optimal solution fonud	
Objective value:	0.7278915E+0.9
Objective bound:	0.7278915E+0.9
Infeasibilities:	0.5587935E–0.8
Extended solver steps:	0
Total solver iterations:	11

图 6.16　基础模型运算结果

每个运营周期内的网络选址策略如表 6.25 所示。

表 6.25　基础模型下网络选址策略

节点		t=1	t=2	t=3	t=4	t=5	t=6
回收检测中心	1						
	2	Y		Y	Y	Y	Y
	3						
	4		Y				
废弃物处理中心	1		Y		Y		Y
	2						
	3	Y		Y			

得到的确定环境下每个运行周期内 WEEE 第三方逆向物流网络结构，如图 6.17~图 6.18 所示。

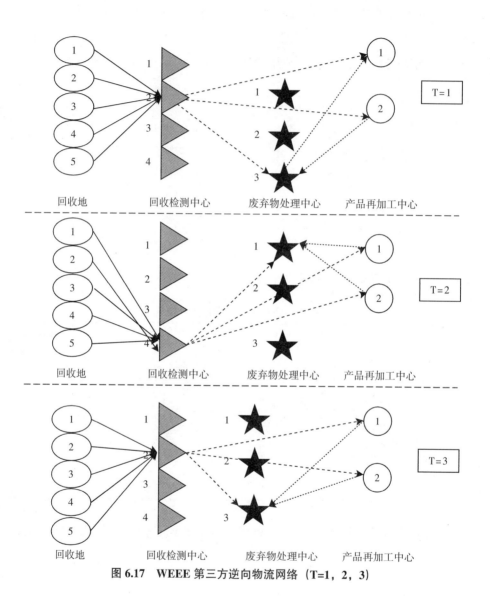

回收地　　　回收检测中心　　废弃物处理中心　产品再加工中心

回收地　　　回收检测中心　　废弃物处理中心　产品再加工中心

回收地　　　回收检测中心　　废弃物处理中心　产品再加工中心

图6.17　WEEE第三方逆向物流网络（T=1，2，3）

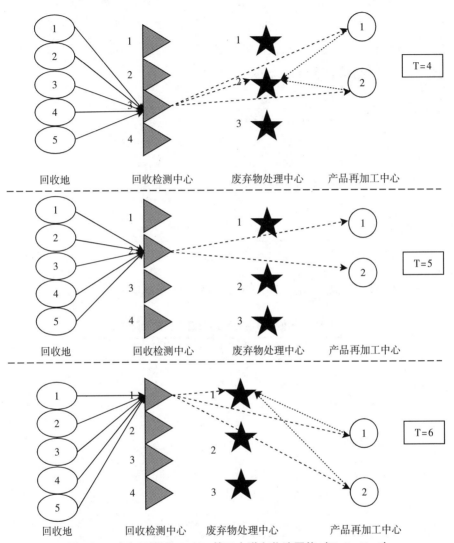

图 6.18 确定环境下 WEEE 第三方逆向物流网络（T=4，5，6）

6.5.5.2 鲁棒优化模型结果

鲁棒优化模型为混合整数规划模型，包含 1202 个变量和 365 个约束条件，利用 LINGO11.0 软件对鲁棒优化模型进行求解（为 586979400元），运算结果如图 6.19 所示。该结果小于基础模型的最优值，说明鲁棒优化模型能降低逆向物流系统的运作成本。

Local optimal solution fonud	
Objective value:	0.5869794E+0.9
Objective bound:	0.5869794E+0.9
Infeasibilities:	0.9546056E−0.7
Extended solver steps:	0
Total solver iterations:	57

图 6.19　鲁棒优化模型结果

回收检测中心到再制造中心的处理能力如表 6.26 所示。

表 6.26　回收检测中心到再制造中心的处理能力

回收检测中心	再制造中心	1	2	3	4	5	6
1	1	0	0	0	0	0	0
	2	0	0	0	0	0	0
2	1	0	0	0	0	0	0
	2	0	0	0	0	0	0
3	1	0	0	0	0	0	0
	2	0	0	0	0	0	0
4	1	0	0	0	0	0	0
	2	4795	5544	4186	4795	4053	6195

回收地到回收检测中心的处理能力如表 6.27 所示。

表 6.27 回收地到回收检测中心的处理能力

回收地	回收检测中心	1	2	3	4	5	6
1	1	1200	1420	1000	1200	1040	1550
	2	0	0	0	0	0	0
	3	0	0	0	0	0	0
	4	0	0	0	0	0	0
2	1	0	0	0	0	0	0
	2	1050	1200	900	1050	950	1400
	3	0	0	0	0	0	0
	4	0	0	0	0	0	0
3	1	0	0	0	0	0	0
	2	0	0	0	0	0	0
	3	0	0	0	0	0	0
	4	1300	1500	1230	1300	1200	1600
4	1	1500	1700	1200	1500	1100	2000
	2	0	0	0	0	0	0
	3	0	0	0	0	0	0
	4	0	0	0	0	0	0
5	1	0	0	0	0	0	0
	2	0	0	0	0	0	0
	3	1800	2100	1650	1800	1500	2300
	4	0	0	0	0	0	0

回收检测中心到废弃物处理中心的处理能力如表 6.28 所示。

表 6.28 回收检测中心到废弃物处理中心的处理能力

回收检测中心	废弃物处理中心	1	2	3	4	5	6
1	1	0	0	0	0	0	0
	2	0	0	0	0	0	0
	3	0	0	0	0	0	0

续表

回收检测中心	废弃物处理中心	1	2	3	4	5	6
2	1	0	0	0	0	0	0
	2	0	0	0	0	0	0
	3	2055	2376	1794	2055	1737	2655
3	1	0	0	0	0	0	0
	2	0	0	0	0	0	0
	3	0	0	0	0	0	0
4	1	0	0	0	0	0	0
	2	0	0	0	0	0	0
	3	0	0	0	0	0	0

再制造中心到废弃物处理中心的处理能力如表 6.29 所示。

表 6.29　再制造中心到废弃物处理中心的处理能力

再制造中心	废弃物处理中心	1	2	3	4	5	6
1	1	0	0	0	0	0	0
	2	0	0	0	0	0	0
	3	0	0	0	0	0	0
2	1	0	0	0	0	0	0
	2	0	0	0	0	0	0
	3	1438.5	1663.2	1255.8	1438.5	1215.9	1858.5

鲁棒优化模型下每个周期内的网络选址策略如表 6.30 所示。

表 6.30　鲁棒优化模型的网络选址策略

节点		t=1	t=2	t=3	t=4	t=5	t=6
回收检测中心	1						
	2	Y		Y	Y	Y	Y
	3						
	4		Y				

节点		t=1	t=2	t=3	t=4	t=5	t=6
废弃物处理中心	1		Y		Y	Y	Y
	2						
	3	Y		Y			

根据表 6.30 的结果，得到不确定环境下每个运行周期内 WEEE 第三方逆向物流网络结构，如图 6.20~图 6.21 所示。

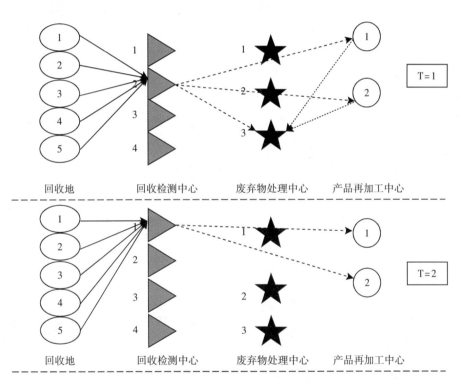

图 6.20　不确定环境下 WEEE 第三方逆向物流网络（T=1，2，3）

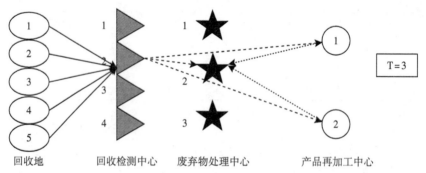

图 6.20 不确定环境下 WEEE 第三方逆向物流网络 (T=1，2，3)（续）

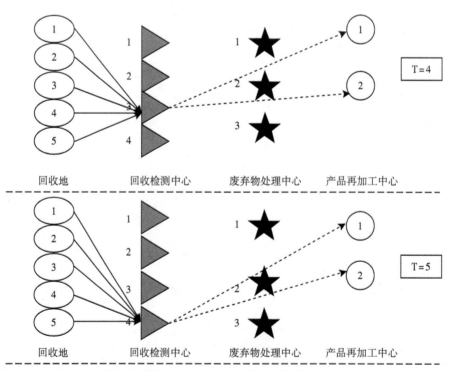

图 6.21 不确定环境下 WEEE 第三方逆向物流网络 (T=4，5，6)

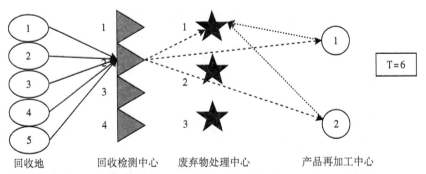

回收地　　　　　回收检测中心　　　废弃物处理中心　　　产品再加工中心

图 6.21　不确定环境下 WEEE 第三方逆向物流网络（T＝4，5，6）（续）

通过以上分析可以发现，鲁棒优化模型在构建成本和网络优化方面都具有明显优势。构建成本小，可降低企业投资费用，缓解筹资困难；网络反应速度快，能够提高逆向物流运作的效率，并在一定程度上节约制造成本，提高顾客满意度。因此，鲁棒优化模型更能满足逆向物流的需要，值得企业借鉴。

6.5.5.3　两种模型的对比分析

将各种情景在确定性条件下的最优解与不确定条件下的鲁棒优化结果进行对比分析，结果如表 6.31 所示。由于确定条件下逆向物流的运作网络发生了变化，导致不确定条件下的鲁棒优化模型的成本一般都高于对应情景在确定性环境下的成本，但二者比较接近，尤其是情景 4 的偏差仅为 0.31%，其余情景鲁棒优化解和确定解的偏差均小于 5%，总期望值偏差为 1.11%，说明鲁棒优化方法能使逆向物流回收网络具有较好的鲁棒性。

表 6.31　模型结果比较

情景	不确定情景鲁棒优化解 ξ_u	确定情景下优化解 ξ_d	偏差 $(\xi_u-\xi_d)/\xi_d$（%）
S_1	561199100	534723900	4.95
S_2	586815500	569612100	3.02
S_3	612587400	605434900	1.18
S_4	640159600	638146700	0.31
期望值	595440100	588879400	1.11

两种不同模型下的最优解的情况如表 6.32 所示。

表 **6.32** 模型的最优解

单位：10^8 元

周期	1	2	3	4	5	6	7	8	9	10
鲁棒优化模型	5.34	5.69	6.05	6.38	5.28	5.50	5.09	6.25	4.45	5.07
基础优化模型	6.11	6.26	6.82	6.90	5.95	6.08	5.74	6.88	4.99	6.13

将不同周期内模型的最优解进行对比，结果如图 6.22 所示。可以看出，鲁棒优化模型的解要优于基础优化模型的解，因为鲁棒优化模型综合考虑各种不同因素，同时考虑决策者的风险爱好程度，因此会使网络更好地运行。此外，还有一个趋势是随着运行时间的增加，网络的运行成本比之前有所降低，这是因为随着运作时间的增加，网络的各项设施和各类市场均出现较稳定的态势，这样就节约了不少的运行和维护成本，从而使总成本出现了下降的态势。

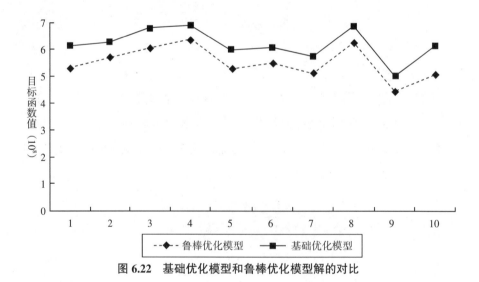

图 **6.22** 基础优化模型和鲁棒优化模型解的对比

6.5.6 灵敏度分析

权重 λ 和风险偏好系数 ω 的变化对目标函数值、成本偏差、惩罚因子的影响如表 6.33 所示。

表 6.33 鲁棒优化模型灵敏度结果

λ	ω	目标函数值	偏差	惩罚因子
	ω=1	588879400	50726	736
	ω=10	603405600	59541	709
λ=1	ω=20	679646800	65432	654
	ω=30	803208500	68966	520
	ω=40	839541700	72789	368
	ω=1	610592800	54292	933
	ω=10	688579200	60903	865
λ=2	ω=20	704142100	65832	759
	ω=30	778918600	79907	670
	ω=40	801321400	80105	524

图 6.23 反映的是 ω 变化时的成本偏差。可以看出，当 λ 取值不变（例如 λ=1）时，随着 ω 的增大，目标函数的偏差在增加，解的鲁棒性在降低。与此同时，由于尽量满足了所有约束条件，模型的鲁棒性在增强。

图 6.24 反映的是 ω 变化对目标函数和成本偏差的影响。随着 ω 的增加，目标函数值在增加，另外成本偏差在降低，鲁棒优化模型可以在模型的鲁棒性和决策者的风险偏好性两方面进行合理选择，使得在目标函数最优的同时，又充分考虑各种潜在的风险因素。

另外，从惩罚因子看（见图 6.25），随着 ω 的增大，不满足条件的惩罚因子数量逐渐减少，模型不可行解的数量在逐渐减少，模型的鲁棒性增强，但目标函数值在增加，因为各种风险因素均匀充分考虑，势必会增加网络的运行成本。说明模型的鲁棒性以网络运行成本的增加为代价，

这与 ω 在模型中的作用一致。

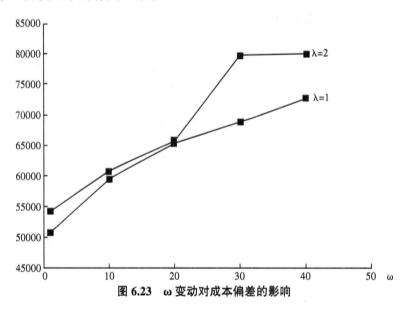

图 6.23 ω 变动对成本偏差的影响

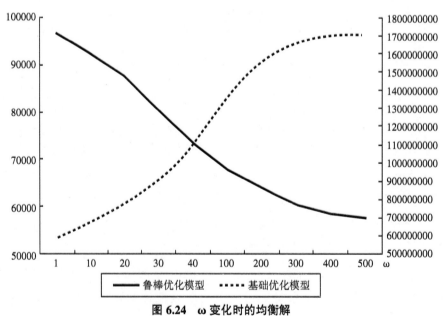

图 6.24 ω 变化时的均衡解

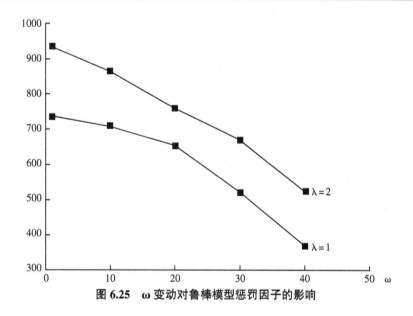

图 6.25 ω 变动对鲁棒模型惩罚因子的影响

由图 6.23 和图 6.25 还可以看出，当 ω 取值不变（例如 ω=1）时，随着 λ 的增大，成本偏差逐渐增加，解的鲁棒性增强，这也与 λ 在模型中的作用一致。另外，随着 λ 的增大，不满足约束的惩罚因子的数量在增加，即模型的鲁棒性在逐渐降低。可以看出，解的鲁棒性和模型鲁棒性二者是互相矛盾的关系。鲁棒优化模型允许不可行解的出现，实际上是考虑决策者偏好的情况下，获得目标函数最优方案。鲁棒优化方法为折中系统最优性与可行性提供了一种权衡机制，它同时控制解的鲁棒性和模型鲁棒性。

通过上面的分析可以看出，本书建立的鲁棒优化模型更符合实际情形，既考虑不确定性的影响，又考虑解与模型的鲁棒性，能全面体现决策者对风险偏好的程度及逆向物流网络设计的复杂程度和网络运作的稳定性。模型能针对不同决策者的偏好进行决策权衡，但在具体进行决策时要依据实际问题的决策目标而确定。

6.5.7　模型小结

WEEE 逆向物流网络的稳定性关系到 WEEE 逆向物流运作的可持续性，本章研究了 WEEE 逆向物流网络的优化设计问题，目的是考虑参数存在不确定性和风险摄动的情况下使 WEEE 逆向物流网络的运作具有鲁棒性。基础优化模型中引入风险偏好系数和惩罚系数对模型进行约束，建立了需求不确定下逆向物流运作的鲁棒优化模型，并对模型进行了仿真分析。结果显示，鲁棒优化模型的解要优于基础优化模型的解，模型的鲁棒性和解的鲁棒性对优化模型的贡献不同，会为不同的决策者提供思路，但模型的鲁棒性和解的鲁棒性相互制约，决策者需要根据实际决策的目的选择合适的鲁棒优化解。

7 WEEE 第三方逆向物流低碳运行策略

本书的前几部分归纳了 WEEE 第三方逆向物流网络的各种不确定性，并进行了理论建模和优化，在建模的过程中发现 WEEE 第三方逆向物流网络的产品回收数量、产品再制造率、产品废弃率、市场需求等变量是导致网络不确定的主要因素。通过第 5 章的实证分析，又进一步得出经济发展速度、城镇化率、产品再制造率、能源效率、能源结构 5 个因素是 WEEE 第三方逆向物流碳排放的主要因素，将这 5 个因素归结为经济发展效应、能源强度效应、能源效率效应、人口压力效应和能源结构效应，通过 LMDI 分解法发现，经济发展效应、人口压力效应和能源强度效应是推动碳足迹增加的主要原因，能源效率效应和能源结构效应是抑制碳足迹增加的主要原因，本章针对以上几方面的因素提出了 WEEE 第三方逆向物流低碳运行的相关对策。

7.1 实现经济低碳增长

7.1.1 优化产业结构，提高经济发展质量

通过前面的计量分析可以看出，经济发展效应是辽宁省 WEEE 第三

方逆向物流碳足迹最重要的影响因素，因此提高经济发展的质量刻不容缓。辽宁省要把转方式、调结构放在更加重要的位置，以提高经济发展的质量和效益为中心，大力推进经济结构战略性调整。经济发展质量主要体现为用较少的要素投入和较小的资源环境代价产出较多的产品，获取较大的经济效益；体现为科技含量的提高、产品附加值的增加、产业层次的提升，摒弃规模速度型粗放经济增长方式，增强经济结构调整力度，压缩落后产能，全面推进科技、管理、市场、商业模式的创新，使创新驱动成为发展的新引擎。坚持把绿色发展、低碳发展、永续发展延伸到各个领域，依靠科技创新的支撑，实现生态与经济的双赢。

7.1.2 加快发展服务业和战略性新兴产业

把发展服务业和战略性新兴产业作为产业结构优化升级的重点，促进新兴科技与新兴产业深度融合，改善经济增长的质量，提高经济增长的效率，优化能源、经济、环境系统。加快技术研发，重点突破能源高效和分级梯级利用、污染防治和安全处置、资源回收和循环利用、智能电网等关键技术和装备，以推广节能环保产品拉动消费需求，以优化政策和市场环境、释放内需潜力，实施节能减排重点工程，推广第三方污染治理等市场化新机制，将节能环保产业培育成生机勃勃的朝阳产业。

7.1.3 发展低碳产业

建立低碳经济结构，把低碳经济的发展思路纳入中长期发展战略视野中，从前瞻、长远和全局的角度，确立低碳经济的发展思路，寻找低碳经济与国家发展战略的结合点。在增强产业实力的同时，注重低碳经济理念的贯彻，将低碳化、绿色化作为新一轮经济增长点是发展低碳产业的基本理念。通过建立低碳社区、低碳商业区和低碳产业园区，促进低碳技术的应用，带动低碳经济的发展，尤其是电力、交通、建筑、冶金、化工、石化等能耗高、污染重的行业，由此加快建立以低碳农业、低碳工业、低碳服务业为核心的新型经济体系。

7.2 提升WEEE第三方逆向物流环节的低碳化

7.2.1 建立联合的逆向物流网络，提高回收质量

这样不仅可以减轻单个企业的资金压力，而且可以保证企业运作过程中的回收来源问题，实现规模经营。同时，采用逆向物流外包模式，通过第三方物流企业专业化的运作，提高逆向物流管理效率，减少时间和资源的消耗并降低风险。建立及时的产品召回制度，使用再生材料，响应环保需求，实现企业和社会的可持续发展。

7.2.2 对产品进行绿色设计及绿色制造，降低产品的废弃率

在产品生命周期的设计中充分考虑对资源和环境的影响，使得产品对环境的影响最小，资源利用率最高，并使企业经济效益和社会效益协调优化。这样进行产品回收时，就能最大程度地提高再制造效率和降低产品的废弃率，通过资源综合利用、短缺资源的代用、可再生资源的利用、二次能源的利用及节能降耗措施延缓资源的枯竭，实现持续利用；减少废料和污染物的生成及排放，降低碳排放，最终实现经济效益和环境效益的最优化。

7.2.3 倡导绿色消费理念

绿色消费是人们在对生存环境的忧虑、对人类行为的反思的基础上提出的。这种生活方式，既有益于人类自身和社会的健康发展，又有益于自然生态保护，是人类可持续发展战略具体到个人、企业、家庭的实践。

从个人和家庭来说，要做到垃圾分类，循环回收，在生活中尽量地分类回收，像废纸、废塑料、废电池等，使它们重新变成资源，这样既能保证 WEEE 逆向物流网络的稳定性，又能够促进能源的再利用和低碳经济的发展。

从消费的产品来说，产品设计，原材料选择、购买和使用，产品生产和产品包装，产品使用后回收等所有环节都要考虑对环境安全有利，同时提高生产过程中物质和能量的利用率，减少废弃物排放，达到节约开支和提高企业的生产效率的目的，从而提高产品在市场上的竞争力。

7.3 提高 WEEE 第三方逆向物流过程的能源利用效率

7.3.1 调整能源结构

研究结果发现，能源结构效应对碳足迹的增长具有抑制作用，因此调整能源结构对抑制碳足迹的增长具有积极意义。多年来，辽宁省实行高投入、高能耗的粗放型经济增长模式，利用煤炭资源的优势发展区域经济，过度依赖资源的单一增长方式导致区域经济发展后劲不足，环境污染严重。因此，应减少一次能源的消耗比重，加强新能源的研发应用，扩大天然气等清洁能源的使用比重，发展循环经济和新能源产品。同时，进行技术创新和产业升级，走新型工业化道路，全面提高能源的利用效率，实现科学、低碳、绿色发展。

7.3.2 提高能源利用率

优化产业链和能源结构，加速淘汰高耗能、高排放的企业，发展清洁生产和绿色能源，降低对环境的污染，积极发展现代服务业，利用循环经济提升经济发展质量，形成经济发展的新格局。倡导绿色低碳发展的理念和生活方式，推广环境友好型消费品，引导普通消费者的选择购买行为，并利用消费市场取向对生产的影响力，促使生产者提高产品的环保性能，增强公民环保意识，提升全社会生态文明水平。

7.3.3 开发利用新能源

按照低投入、低消耗、低排放、高产出、高效率、高效益、可循环、可持续、可再生的原则发展低碳经济，加大新能源的开发和利用程度。推行清洁生产、化石能源低碳化和发展清洁能源是基本的思路。开发包括核能和可再生能源在内的清洁能源是能源结构清洁化的主要方向。通过技术创新，开发风能、水能、太阳能、地热能、核能、生物质能等可再生能源，逐步降低碳素能源在能源消费结构中的比重，才能真正实现能源结构的低碳化。

7.4 完善 WEEE 第三方逆向物流低碳发展环境

7.4.1 推进制度和法律体系建设

发展低碳经济，不仅要求技术创新，更要求制度创新，从政策引导层面建立有利于形成低碳经济的产业结构、增长方式和消费模式。从产业结构调整、区域布局、技术进步和基础设施建设等方面着手，推进低碳经济发展。通过出台鼓励企业进行低碳创新、节能减排、可再生能源利用的政策法规等引领企业开发先进的低碳技术，研究和实施低碳生产模式，如减免税收、财政补贴、政府采购、绿色信贷等。另外，对新能源、提高能效、生态基础设施建设等低碳经济产业实行政策倾斜，制定有利于减缓温室气体排放、清洁能源发展、低碳能源开发和利用的鼓励政策及相关法规，建立实现能源结构调整和可持续发展的价格体系，推动可再生能源发展机制建设。

7.4.2 加大技术创新的扶持力度

发展低碳经济的实质是提高能源的利用效率，而这需要新技术的支持。

首先，以科技为先导，加大对节能降耗低碳技术研发和创新能力的培育，是发展低碳经济的主要内容。特别是温室气体的捕集技术、富氧燃烧技术、燃烧后脱碳技术的开发，节能和清洁能源、煤的清洁高效利用，油气资源和煤层气的勘探开发，碳捕集和封存、清洁汽车技术等的研发。

其次，作为科技研发投入的保障，科技交流、国外先进科技成果的引进是推动节能降耗工作稳步开展和低碳经济快速发展的主要途径。

最后，GDP 能耗考核体系，可以促进节能降耗工作的开展。该体系的建立需要划定严格的节能指标任务，实行领导问责制，以保证重点能耗产品、单项能耗指标呈整体下降趋势。通过技术创新，可以提高能源转换效率和能源回收利用效率，淘汰高耗能产业和生产工艺，整治节能降耗空间较大的行业。

7.4.3 实施逆向物流的信息化管理

物流信息化是现代物流的灵魂，是现代物流发展的必然要求和基石。物流信息化是实现物流低碳最有效的方法之一，其实质是用有效的信息流代替多余的物流。在公认的碳排放量最大的运输领域引入信息技术，不仅可以对运输业务进行有效的整合，极大地提高运输质量，避免运输过程中的空载，降低物流成本，还可以真正地实现运输过程的节能减排。此外，在库存管理的过程中，用信息库存代替物料，可以使仓储和库存成本降到最低。

结合信息化整合供应链，将大大降低供应链内各环节的交易成本，缩短交易时间，降低存货水平和采购成本，缩短物流活动的循环周期，实现低碳发展。

8　结论与展望

WEEE 第三方逆向物流是随着经济的发展和社会的进步而出现的一种全新的逆向物流运作模式，如何对 WEEE 第三方逆向物流的低碳驱动因素指标体系进行构建，进一步遴选关键驱动因素，深入分析关键驱动因素与 WEEE 第三方逆向物流碳排放之间的作用机理，成为构建低碳视角下的 WEEE 第三方逆向物流网络体系亟待解决的现实问题。

8.1　主要研究结论

本书在梳理了 WEEE 第三方逆向物流相关文献的基础上，结合逆向物流、低碳经济等理论基础，首先对 WEEE 第三方逆向物流的低碳驱动指标体系进行构建，其次对低碳关键驱动因素进行识别，再次结合关键驱动因素构建了低碳视角下的 WEEE 第三方逆向物流网络，最后进行了实证分析。本书的主要研究结论包括以下几方面：

8.1.1　建立了 WEEE 第三方逆向物流低碳驱动指标体系

利用频数统计法和头脑风暴法构建了 51 个指标组成的 WEEE 第三方逆向物流的低碳驱动指标体系；采用隶属度分析和相关分析对初始指标进行实证筛选，最终构建了由 3 个维度 16 个指标构成的低碳驱动指标体系，并通过了信度分析和效度分析的检验。在此基础上采用因子分析法对关键驱动因素进行识别，确定了 WEEE 逆向物流产值、回收的 WEEE 数量、回收 WEEE 产品再制造率、能源效率、能源结构 5 个关键驱动因素。

8.1.2　厘清了 WEEE 第三方逆向物流碳排放与关键驱动因素之间的作用机理

WEEE 第三方逆向物流碳排放与关键驱动因素之间存在长期均衡稳定的关系。LMDI 因素分解显示，经济因素、技术因素和人口因素对碳排放的增加有驱动作用，其中经济因素是碳排放增加的主要原因。而能源效率因素和能源结构因素对碳排放有抑制作用。WEEE 逆向物流产值、能源效率、回收的 WEEE 数量、WEEE 回收产品再制造率、能源结构对碳排放的影响弹性依次为 0.6397、−0.5484、0.4964、0.1406、0.1061，且 WEEE 第三方逆向物流碳排放与 5 个关键驱动因素之间均存在单项因果关系。

8.1.3　构建了 WEEE 第三方逆向物流网络模型

考虑 WEEE 第三方逆向物流的低碳驱动因子，将其作为参数，以企业的经济效益和低碳效益最大化为目标，构建了 WEEE 第三方逆向物流低碳网络。同时，考虑网络的不确定性，采用鲁棒优化方法对网络进行了优化设计。实证分析结果显示，鲁棒优化模型可以使 WEEE 第三方逆向物流企业在各种不确定环境下稳健运行，同时能使决策者对运作风险进行合理的选择。

8.2 创新点

（1）构建了 WEEE 第三方逆向物流的低碳驱动指标。基于理论分析和实证筛选方法构建了 WEEE 第三方逆向物流的低碳驱动指标体系，并对指标进行了信效度分析，解决了 WEEE 第三方逆向物流低碳驱动指标的遴选与体系的构建问题。

（2）辨明了 WEEE 第三方逆向物流碳排放与关键驱动因素的计量关系。用相关分析、Johansen 协整模型、回归模型和 Granger 因果关系检验模型对碳排放与关键驱动因素的作用机理进行了计量分析，解决了 WEEE 第三方逆向物流碳排放与关键驱动因素之间作用机理不明确、影响弹性不确定的问题。

（3）建立了 WEEE 第三方逆向物流网络模型。分析了逆向物流网络设计的原则，以关键驱动因素为变量，利用鲁棒优化方法建立了 WEEE 第三方逆向物流网络模型，有效降低了 WEEE 第三方逆向物流网络的不确定性。

8.3 进一步研究的方向

WEEE 第三方逆向物流属于新兴的逆向物流运作模式，对其进行深入研究需要多学科理论、多方法的有机结合，因此需要解决的问题很多。本书主要围绕 WEEE 第三方逆向物流低碳驱动指标体系和关键驱动因素的识别以及网络的设计展开研究，但由于水平的限制，还存在许多的不足，有许多有待进一步研究的问题：

（1）本书研究了以第三方为回收主体的 WEEE 逆向物流网络规划，但没有考虑生产商回收模式和联合经营模式下的 WEEE 逆向物流网络设计，因此对这两种运作模式下的回收网络进行研究，是后续研究的一个方向。

（2）本书基于理论筛选和实证筛选的方法建立了 WEEE 第三方逆向物流低碳驱动指标体系，该方法具有一定的主观性，后续研究可以在 WEEE 第三方逆向物流低碳驱动指标的选择上采用更加科学合理的方法，进一步保证低碳驱动指标体系的科学性。

附录 A 协整检验统计量结果

Y 原序列统计量

Variable	Coefficient	Std. Error	t-Statistic	Prob.
Y (−1)	0.0531	0.0466	1.1401	0.2784
D (Y (−1))	−0.4827	0.2620	−1.8420	0.0926
D (Y (−2))	−0.3215	0.2627	−1.2240	0.2465
C	0.0840	0.0244	3.4383	0.0055
R−squared	0.8541	Mean dependent var		0.0633
Adjusted R−squared	0.8507	S.D. dependent var		0.0428
S.E. of regression	0.0417	Akaike info criterion		−3.2890
Sum squared resid	0.0192	Schwarz criterion		−3.1002
Log likelihood	1.2493	Hannan−Quinn criter		−3.2910
F−statistic	286.675	Durbin−Watson stat		2.2355
Prob (F−statistic)	0.3389			

Y 一阶差分统计量

Variable	Coefficient	Std. Error	t-Statistic	Prob.
D (Y (−1))	−1.2213	0.2600	−4.6972	0.0003
C	0.0691	0.0186	3.7060	0.0023
R−squared	0.8118	Mean dependent var		0.0028
Adjusted R−squared	0.8840	S.D. dependent var		0.0756
S.E. of regression	0.0487	Akaike info criterion		−3.0861
Sum squared resid	0.0333	Schwarz criterion		−2.9895
Log likelihood	22.063	Hannan−Quinn criter		−3.0811
F−statistic	266.8887	Durbin−Watson stat		1.9089
Prob (F−statistic)	0.0003			

X1 原序列统计量

Variable	Coefficient	Std. Error	t-Statistic	Prob.
X1 (−1)	0.0353	0.043091	0.8214	0.4243
C	0.0492	0.029564	1.6670	0.1162
R-squared	0.8430	Mean dependent var		0.0702
Adjusted R-squared	0.8607	S.D. dependent var		0.0611
S.E. of regression	0.0618	Akaike info criterion		−2.6195
Sum squared resid	0.0572	Schwarz criterion		−2.5215
Log likelihood	24.266	Hannan−Quinn criter		−2.6098
F-statistic	0.6747	Durbin−Watson stat		2.3719
Prob (F-statistic)	0.4242			

X1 一阶差分统计量

Variable	Coefficient	Std. Error	t-Statistic	Prob.
D (X1 (−1))	−1.1538	0.2781	−4.1478	0.0010
C	0.0818	0.0263	3.1042	0.0078
R-squared	0.8513	Mean dependent var		−0.0045
Adjusted R-squared	0.9193	S.D. dependent var		0.0933
S.E. of regression	0.0646	Akaike info criterion		−2.5219
Sum squared resid	0.0585	Schwarz criterion		−2.4253
Log likelihood	22.175	Hannan−Quinn criter		−2.5169
F-statistic	172.0507	Durbin−Watson stat		1.8315
Prob (F-statistic)	0.0009			

X2 原序列统计量

Variable	Coefficient	Std. Error	t−Statistic	Prob.
X2 （−1）	0.0377	0.0507	0.7438	0.4725
D （X2 （−1））	−0.4210	0.2530	−1.6643	0.1242
D （X2 （−2））	−0.0305	0.1968	−0.1552	0.8794
C	0.0771	0.0188	4.0845	0.0018
R−squared	0.9028	Mean dependent var		0.0624
Adjusted R−squared	0.9146	S.D. dependent var		0.0430
S.E. of regression	0.0433	Akaike info criterion		−3.2173
Sum squared resid	0.0206	Schwarz criterion		−3.0285
Log likelihood	0.9328	Hannan−Quinn criter		−3.2194
F−statistic	281.3045	Durbin−Watson stat		2.5809
Prob （F−statistic）	0.4574			

X2 一阶差分统计量

Variable	Coefficient	Std. Error	t−Statistic	Prob.
D （X2 （−1））	−1.3237	0.2831	−4.6747	0.0005
D （X2 （−1），2）	−0.0289	0.1764	−0.1639	0.8725
C	0.0807	0.0179	4.5013	0.0007
R−squared	0.8404	Mean dependent var		0.0072
Adjusted R−squared	0.8971	S.D. dependent var		0.0772
S.E. of regression	0.0425	Akaike info criterion		−3.3016
Sum squared resid	0.0216	Schwarz criterion		−3.1600
Log likelihood	17.116	Hannan−Quinn criter		−3.3031
F−statistic	277.6234	Durbin−Watson stat		2.5445
Prob （F−statistic）	0.0003			

X3 原序列统计量

Variable	Coefficient	Std. Error	t-Statistic	Prob.
X3 (−1)	−0.6105	0.0409	−0.0014	0.9988
C	−0.0708	0.0308	−2.2921	0.0368
R-squared	0.8709	Mean dependent var		−0.0707
Adjusted R-squared	0.8966	S.D. dependent var		0.0605
S.E. of regression	0.0625	Akaike info criterion		−2.5967
Sum squared resid	0.0586	Schwarz criterion		−2.4987
Log likelihood	24.072	Hannan-Quinn criter		−2.5870
F-statistic	222.9913	Durbin-Watson stat		1.9033
Prob (F-statistic)	0.9988			

X3 一阶差分统计量

Variable	Coefficient	Std. Error	t-Statistic	Prob.
D (X3 (−1), 1)	−2.5075	0.4729	−5.3014	0.0003
D (X3 (−1), 2)	0.7263	0.2895	2.5086	0.0291
C	0.0034	0.0175	0.1986	0.8461
R-squared	0.8377	Mean dependent var		−0.009021
Adjusted R-squared	0.8782	S.D. dependent var		0.1489
S.E. of regression	0.0652	Akaike info criterion		−2.4350
Sum squared resid	0.0467	Schwarz criterion		−2.2980
Log likelihood	20.045	Hannan-Quinn criter		−2.4477
F-statistic	284.06	Durbin-Watson stat		1.7172
Prob (F-statistic)	0.0045			

X4 原序列统计量

Variable	Coefficient	Std. Error	t-Statistic	Prob.
X4 (−1)	0.0638	0.0518	1.2314	0.2439
D (X4 (−1))	−0.4625	0.2680	−1.7257	0.1123
D (X4 (−2))	−0.2816	0.2679	−1.0510	0.3158
C	0.0741	0.0233	3.1735	0.0089
R−squared	0.8308	Mean dependent var		0.0610
Adjusted R−squared	0.9210	S.D. dependent var		0.0436
S.E. of regression	0.0431	Akaike info criterion		−3.2244
Sum squared resid	0.0204	Schwarz criterion		−3.0356
Log likelihood	28.1833	Hannan−Quinn criter		−3.2264
F−statistic	1100.4016	Durbin−Watson stat		2.2401
Prob (F−statistic)	0.3900			

X4 一阶差分统计量

Variable	Coefficient	Std. Error	t-Statistic	Prob.
D (X4 (−1))	−1.1672	0.261038	−4.471451	0.0005
C	0.0632	0.018259	3.461726	0.0038
R−squared	0.8581	Mean dependent var		0.0038
Adjusted R−squared	0.8887	S.D. dependent var		0.0754
S.E. of regression	0.0501	Akaike info criterion		−3.0319
Sum squared resid	0.0351	Schwarz criterion		−2.9354
Log likelihood	26.2553	Hannan−Quinn criter		−3.0270
F−statistic	199.9388	Durbin−Watson stat		1.9380
Prob (F−statistic)	0.0005			

X5 原序列统计量

Variable	Coefficient	Std. Error	t-Statistic	Prob.
X5 (−1)	−0.0249	0.0884	−0.2818	0.7819
C	−0.0088	0.0065	−1.3478	0.1977
R-squared	0.8526	Mean dependent var		−0.0074
Adjusted R-squared	0.8610	S.D. dependent var		0.0175
S.E. of regression	0.0181	Akaike info criterion		−5.0729
Sum squared resid	0.0049	Schwarz criterion		−4.9749
Log likelihood	0.0794	Hannan−Quinn criter		−5.0632
F-statistic	245.1200	Durbin−Watson stat		1.8513
Prob (F-statistic)	0.7818			

X5 一阶差分统计量

Variable	Coefficient	Std. Error	t-Statistic	Prob.
D (X5 (−1), 1)	−2.8146	0.6547	−4.2990	0.0020
D (X5 (−1), 2)	0.5698	0.2854	1.9962	0.0770
C	−0.0016	0.0061	−0.2591	0.8013
R-squared	0.7950	Mean dependent var		−0.0038
Adjusted R-squared	0.8267	S.D. dependent var		0.0423
S.E. of regression	0.0221	Akaike info criterion		−4.5343
Sum squared resid	0.0044	Schwarz criterion		−4.3604
Log likelihood	33.47301	Hannan−Quinn criter		−4.5700
F-statistic	216.4011	Durbin−Watson stat		1.8049
Prob (F-statistic)	0.0018			

附录 B　指标筛选调查问卷

尊敬的被调查者：

您好！

我是辽宁工程技术大学工商管理学院管理科学与工程专业的 2013 级博士研究生，此问卷是根据我的论文选题和论文撰写而编写的调查问卷，本问卷旨在了解 WEEE 第三方逆向物流碳排放的影响因素，以便更好地为制定低碳减排政策做好准备。麻烦您用几分钟的时间填一下问卷，非常感谢！本问卷仅用于学术研究目的，请您放心并尽可能客观回答。研究结果将以整体的统计分析数据报告，个体数据在研究结果中并不反映出来。在填写本问卷前，如有必要，请您先了解如下内容：

WEEE 逆向物流：将已经失去了原来的使用价值的电器电子产品，在对其进行回收时进行集中分类，根据实际情况采取直接再利用、维修再利用、零部件再使用、回收再利用、废物填埋等处理方式，经过集中处理、分类、运输、仓储、装卸搬运等物流活动使产品重新进入市场的活动过程，以及对这一过程的计划、组织、协调和控制的过程。

一、被调查企业的基本信息

1. 被调查者的职位：

□ 基层管理人员　　　□ 中层管理人员　　　□ 高层管理人员

2. 被调查企业的主导业务：

□ 电器电子回收　　　□ 先进制造技术　　　□ 环境保护技术

☐ 其他

3. 被调查企业的年营业额：

☐ 1000 万元以下　　　☐ 1000 万~3000 万元　　　☐ 3000 万~6000 万元

☐ 6000 万元至 1 亿元　　　　　　　　　　　　☐ 1 亿元以上

4. 所有制性质：

☐ 国有　　　　　　☐ 民营　　　　　　☐ 合资

☐ 外商独资　　　　☐ 其他

5. 地区：

☐ 东北地区　　　　☐ 长江以北　　　　☐ 长江以南

二、被调查专家的基本信息

1. 职位：＿＿＿＿＿＿＿＿＿＿＿。

2. 年龄：＿＿＿＿＿＿＿＿＿＿＿。

3. 学历：＿＿＿＿＿＿＿＿＿＿＿。

4. 区域：＿＿＿＿＿＿＿＿＿＿＿。

5. 性别：＿＿＿＿＿＿＿＿＿＿＿。

6. 收入：＿＿＿＿＿＿＿＿＿＿＿。

三、问卷内容

调查问卷在内容设计上共分为三个部分，第一部分为被调查企业的
基本信息，第二部分是被调查专家的基本信息，第三部分是问卷列出的
WEEE 第三方逆向物流低碳驱动因素。第三部分的得分采用 5 级制，具
体意义如下：在所涉及的问题中，如果您非常同意问卷中的表述，选择
数字 5，完全不同意，选择数字"1"，介于二者之间视赞同程度分别选择
"4"（基本同意）、"3"（不确定）、"2"（有点不同意）。

一级指标	二级指标	得分
驱动力	WEEE 逆向物流产值	
	产业结构	
	人均 GDP	
	回收的 WEEE 数量	
	产品/服务质量	
	企业品牌价值	
	WEEE 市场行情	
	WEEE 逆向物流产值比重	
	城镇化率	
	人口数量	
	WEEE 市场容量	
	企业社会形象	
	环保投资率	
	WEEE 无害化处理率	
	WEEE 综合利用率	
	外贸依存度	
	地理位置	
	WEEE 回收再制造率	
	国际 WEEE 法律法规	
响应力	管理水平	
	风险意识	
	绿化投入	
	领导者的环保意识	
	低碳研发人员数量	
	WEEE 科技研发投入	
	员工的环保意识	
	低碳物流人才的培养	
	企业的发展阶段	
	WEEE 拆解工艺	

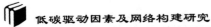

续表

一级指标	二级指标	得分
响应力	低碳技术投入产出比	
	低碳物流技术开发	
	低碳设施设备的应用	
	低碳运输工具的使用	
	WEEE 低碳技术专利数	
	低碳研发人员比例	
发展潜力	能源结构	
	单位能源产值	
	碳排放总量	
	新能源研发投入	
	环保投入成本	
	能源碳排放强度	
	能源利用效率	
	能源利用强度	
	清洁能源利用比例	
	WEEE 法律法规	
	政府的低碳监管力度	
	政府的惩罚措施	
	碳税的征收	
	低碳减排机制的建立	
	政府环保力度	
	政府的鼓励措施	

附录 C 实证分析相关数据

1997~2016 年能源消耗

年份	煤炭	汽油	柴油	天然气	电力
	千吨	千吨	千吨	千立方米	千千瓦时
1997	1.0505	0.0134	0.1562	0.4131	0.5324
1998	1.0253	0.0131	0.1524	0.4032	0.5196
1999	0.9899	0.0127	0.1472	0.3892	0.5017
2000	0.9894	0.0126	0.1471	0.3890	0.5015
2001	1.1018	0.0141	0.1638	0.4332	0.5584
2002	1.1553	0.0148	0.1717	0.4543	0.5855
2003	1.1527	0.0147	0.1714	0.4532	0.5842
2004	1.2751	0.0163	0.1896	0.5014	0.6462
2005	1.3892	0.0178	0.2065	0.5462	0.7041
2006	1.4371	0.0184	0.2136	0.5651	0.7283
2007	1.5871	0.0203	0.2359	0.6241	0.8044
2008	1.7578	0.0225	0.2613	0.6912	0.8909
2009	1.8881	0.0241	0.2807	0.7424	0.9569
2010	2.0271	0.0259	0.3014	0.7971	1.0274
2011	2.2150	0.0283	0.3293	0.8709	1.1226
2012	2.3974	0.0306	0.3564	0.9427	1.2150
2013	2.4891	0.0318	0.3700	0.9787	1.2615
2014	2.2867	0.0292	0.3399	0.8991	1.1589
2015	2.2963	0.0294	0.3414	0.9029	1.1638
2016	2.2892	0.0293	0.3403	0.9001	1.1602

1998~2016 年碳排放量

年份	煤炭	汽油	柴油	天然气	电力
	千吨	千吨	千吨	千立方米	千千瓦时
1998	1.0253	0.0131	0.1524	0.4032	0.5196
1999	0.9899	0.0127	0.1472	0.3892	0.5017
2000	0.9894	0.0126	0.1471	0.3890	0.5015
2001	1.1018	0.0141	0.1638	0.4332	0.5584
2002	1.1553	0.0148	0.1717	0.4543	0.5855
2003	1.1527	0.0147	0.1714	0.4532	0.5842
2004	1.2751	0.0163	0.1896	0.5014	0.6462
2005	1.3892	0.0178	0.2065	0.5462	0.7041
2006	1.4371	0.0184	0.2136	0.5651	0.7283
2007	1.5871	0.0203	0.2359	0.6241	0.8044
2008	1.7578	0.0225	0.2613	0.6912	0.8909
2009	1.8881	0.0241	0.2807	0.7424	0.9569
2010	2.0271	0.0259	0.3014	0.7971	1.0274
2011	2.2150	0.0283	0.3293	0.8709	1.1226
2012	2.3974	0.0306	0.3564	0.9427	1.2150
2013	2.4891	0.0318	0.3700	0.9787	1.2615
2014	2.2867	0.0292	0.3399	0.8991	1.1589
2015	2.2963	0.0294	0.3414	0.9029	1.1638
2016	2.2892	0.0293	0.3403	0.9001	1.1602

1998~2016 年碳排放强度

年份	产值（千万元）	碳足迹（千吨）	碳排放强度（吨/万元）
1998	2.793	5.2061	1.864
1999	3.158	5.2419	1.660
2000	3.490	5.4096	1.550
2001	3.882	5.2171	1.344
2002	4.172	5.4449	1.305
2003	4.669	5.9990	1.285

续表

年份	产值（千万元）	碳足迹（千吨）	碳排放强度（吨/万元）
2004	5.033	6.1116	1.214
2005	5.458	6.3345	1.161
2006	6.003	7.0351	1.172
2007	6.873	7.5497	1.098
2008	8.001	8.1456	1.018
2009	9.251	8.5304	0.922
2010	11.024	9.2769	0.842
2011	13.462	9.2769	0.689
2012	15.213	9.6114	0.632
2013	18.457	11.1424	0.604
2014	22.227	11.1424	0.501
2015	24.846	12.5012	0.503
2016	27.078	13.4947	0.498

参考文献

［1］刘永清．"互联网+"战略下家电逆向物流营销模式的变革［J］.中国流通经济，2015（6）：30-35.

［2］杨进军，陈依纯，李德生等.电子废弃物回收管理及经济效益评估［J］.商场现代化，2015（25）：242-244.

［3］王红梅，张金良，王先良等.中国电子垃圾现状及环境管理对策分析［J］.环境科学与管理，2008，33（5）：1-3.

［4］彭本红，谷小芬，吴柏宇.电子废弃物回收产业链多主体协同演化的仿真分析［J］.北京理工大学学报（社会科学版），2016（2）：53-63.

［5］阎利，刘应宗.荷兰电子废弃物回收制度对我国的启示［J］.西安电子科技大学学报（社会科学版），2006，16（4）：60-65.

［6］孙华丽，吕帅儿，薛耀锋.逆向物流研究现状综述与展望［J］.科技管理研究，2011（2）：127-129.

［7］Govindan K., Soleimani H., Kannan D.Reverse logistics and closed-loop supply chain: A comprehensive review to explore the future［J］. European Journal of Operational Research，2015，240（3）：603-626.

［8］Lambert D.M., Stock J.R. Strategic logistics management［M］. Chicago: Irwin Professional Publishing，1992.

［9］何明珂等.中国国家标准物流术语［M］.北京：中国标准出版社，2001.

［10］Ueberschaar M., Otto S.J., Rotter V.S. Challenges for critical raw material recovery from WEEE—The case study of gallium［J］. Waste Management, 2017, 60 (2): 534-545.

[11] Andrea A.B., Maria E.L., Claudia S. Recovery of gold from Waste Electrical and Electronic Equipment (WEEE) using ammonium per sulfate [J]. Waste Management, 2016, 57 (11): 113-120.

[12] Mert D.B., Meylan G. Strategic management of WEEE in Switzerland-combining material flow analysis with structural analysis [J]. Resources, Conservation and Recycling, 2015, 103 (10): 98-109.

[13] Wager P.A., Hischier R. Life cycle assessment of post-consumer plastics production from Waste Electrical and Electronic Equipment (WEEE) treatment residues in a Central European plastics recycling plant [J]. Science of the Total Environment, 2015, 529 (10): 158-167.

[14] Kalmykova Y., Patrício J., Rosado L., et al. Out with the old, out with the new—The effect of transitions in TVs and monitors technology on consumption and WEEE generation in Sweden 1996-2014[J]. Waste Management, 2015, 46 (12): 511-522.

[15] Islama M.T., Abdullaha A.B., Shahir B. S.A., et al. A public survey on knowledge, awareness, attitude and willingness to pay for WEEE management: Case study in Bangladesh [J]. Journal of Cleaner Production, 2016, 137 (20): 728-740.

[16] Jian C.B., Chena Y.Y., Shia B., et al. WEEE recycling in Zhejiang Province, China: generation, treatment, and public awareness [J]. Journal of Cleaner Production, 2016, 127 (7): 311-324.

[17] Ardi R., Rainer Leisten R. Assessing the role of informal sector in WEEE management systems: A System Dynamics approach [J]. Waste Management, 2016, 57 (11): 3-16.

[18] Gua Y.F., Wua Y.F., Ming X.C., et al. Waste Electrical and Electronic Equipment (WEEE) recycling for a sustainable resource supply in the electronics industry in China [J]. Journal of Cleaner Production, 2016,

127（20）：331-338.

［19］ Zlampareta G.I., Ijomahb W., Miaoa Y., et al. Remanufacturing strategies：A solution for WEEE problem ［J］. Journal of Cleaner Production, 2017, 149（4）：126-136.

［20］ Zhao M., Zhao C., Yu L.L., et al. Prediction and analysis of WEEE in china based on the gray model ［J］. Procedia Environmental Sciences, 2016, 31（2）：925-934.

［21］ Menada N., Kanarib N., Menarda Y., et al. Process simulator and environmental assessment of the innovative WEEE treatment process ［J］. International Journal of Mineral Processing, 2016, 148（3）：92-99.

［22］ Gamberini R., Gebennini E., Manzini R., et al. On the integration of planning and environmental impact assessment for a WEEE transportation network—A case study ［J］. Resources, Conservation and Recycling, 2010, 54（11）：937-951.

［23］ Kilic H.S., Cebeci U., Ayhan M.B. Reverse logistics system design for the Waste of Electrical and Electronic Equipment（WEEE）in Turkey ［J］. Resources, Conservation and Recycling, 2015, 95（2）：120-132.

［24］ 刘慧慧, 黄涛, 雷明. 废旧电器电子产品双渠道回收模型及政府补贴作用研究 ［J］. 中国管理科学, 2013, 21（2）：123-131.

［25］ 鲁修文. 我国电子废弃物回收处理现状、问题及对策 ［J］. 环境科学与技术, 2012, 35（61）：455-457.

［26］ 姚凌兰, 贺文智, 李光明等. 我国电子废弃物回收管理发展现状 ［J］. 环境科学与技术, 2012（S1）：410-414.

［27］ 吴培锦, 田义文, 邵珊珊. 我国电子废弃物的回收处理现状及法律对策 ［J］. 特区经济, 2010（4）：233-234.

［28］ 单明威, 杜欢政, 田晖. 新目录下中国废弃电器电子产品管理现状与挑战 ［J］. 生态经济, 2016, 32（11）：32-35.

［29］ 邓毅, 孙绍峰, 胡楠等. 中国废弃电器电子产品回收体系发展

现状及建议研究［J］.环境科学与管理，2016，41（10）：40-43.

　　［30］璐羽，李红.电子垃圾处理的经验借鉴［J］.科技导报，2012（23）：11.

　　［31］宋利伟，刘学宝.电子废弃物回收与利用策略研究［J］.河北经贸大学学报，2011（4）：93-95.

　　［32］秦玉坤，耿存珍.中国电子垃圾管理对策的研究［J］.环境科学与管理，2013，38（12）：1-5.

　　［33］刘一.中国电子电器废弃物利用环境影响与管理研究［J］.环境科学与管理，2014，39（7）：11-14.

　　［34］梁波，王景伟，徐金球.我国电子废弃物资源化研究［J］.环境科学与技术，2007，30（1）：47-52.

　　［35］向宁，杨齐风，叶文虎.德国电子废弃物回收处理的管理实践及其借鉴［J］.中国人口·资源与环境，2014，24（2）：111-118.

　　［36］黄帆，陈玲，杨超等.电子废弃物资源化机器环境污染研究进展［J］.安全与环境学报，2011，11（1）：75-80.

　　［37］李春发，邹雅玲.WEEE回收网站交互性对消费者的回售行为的影响［J］.科技管理研究，2015（12）：209-214.

　　［38］李春发，韩方旭，杨琪琪.基于C2B的WEEE网络平台回收模式及运行机制分析［J］.科技管理研究，2015（6）：168-174.

　　［39］魏洁.废弃电器电子产品"互联网+"回收模式构建［J］.科技管理研究，2016（21）：230-234.

　　［40］雷蕾.基于虚拟共生网络的废旧电子产品逆向物流运营流程分析［J］.科技管理研究，2011（15）：157-161.

　　［41］杨欢，崔丽，朱庆华.考虑安全处理比例的冰箱全生命周期影响评价［J］.系统工程，2016，34（5）：136-143.

　　［42］宋小龙，王景伟.电子废弃物生命周期管理：需求、策略及展望［J］.生态经济，2016（1）：105-110.

　　［43］郭汉丁，张印贤.废旧电器回收处理产业化政策体系构建［J］.

生态经济，2012（11）：141-144.

[44] 彭本红，吴柏宇，谷小芬. 电子废弃物回收产业链协同治理影响因素分析——基于社会网络分析方法 [J]. 中国管理科学，2016，36（11）：2219-2229.

[45] 余福茂，段显明，梁惠娟. 居民电子废物回收行为影响因素的实证研究 [J]. 中国环境科学，2011，31（12）：2083-2090.

[46] 幕艳芬，马祖军. 消费者回收渠道选择对 WEEE 回收企业决策的影响 [J]. 生态经济，2015，32（2）：144-147.

[47] 刘永清，胡义润，贺竹磬等. 废旧电器回收渠道决策影响因素的 DEMATEL 分析 [J]. 湘潭大学自然科学学报，2015（1）：115-120.

[48] 伊长生，关学斌. 基于模糊随机规划的 WEEE 回收物流网络优化研究 [J]. 数学的实践与认识，2015，45（21）：14-25.

[49] 邱建伟. 广西电子废弃物逆向物流网络模糊规划设计 [J]. 模糊系统与数学，2012（6）：181-190.

[50] 刘枚莲，李慧兰，邱建伟. 基于模糊规划的电子废弃物逆向物流网络设计 [J]. 工业工程与管理，2011（2）：109-115.

[51] 童彦晏，张丽，史毛毛. 基于模糊规划的电子废弃物回收物流网络设计——以杭州市为例 [J]. 企业导报，2013（13）：187-188.

[52] 吕斌，杨建新. 中国电子废物回收处理体系的生态效率分析 [J]. 环境工程学报，2010，4（1）：183-188.

[53] 段玉涛，赵茂先，李婷贤. 电子废弃物逆向物流网络选择模式及算法研究 [J]. 物流技术，2013，32（11）：217-220.

[54] 付小勇，朱庆华，窦一杰. 中国版 WEEE 法规实施中政府和电子企业演化博弈分析 [J]. 管理评论，2011，23（10）：171-177.

[55] 林文，高阳. 非合作条件下基于责任延伸制的电子废弃物回收主体利益博弈研究 [J]. 计算机应用研究，2015，32（6）：1689-1693.

[56] 梁晓辉，李光明，黄菊文等. 上海市电子废弃物产生量预测与回收网络建立 [J]. 环境科学学报，2010，30（5）：1115-1120.

[57] 吕君，谢家平. 基于空间相关性的 WEEE 逆向物流回收预测研究 [J]. 管理工程学报，2015，29（4）：152-161.

[58] Jayaraman V., Guide J.R., Srivastava R. A closed-loop logistics model for remanufacturing [J]. Journal of Operational Research Society, 1990, 50 (5): 497-508.

[59] Spicer A.J., Johnson M.R. Third party remanufacturing as a solution for extended producer responsibility [J]. Journal of Cleaner Production, 2004 (12): 37-45.

[60] Savaskan R.C., Bhattacharya S., Wassenhove L.V. Closed-loop supply chain models with product remanufacturing [J]. Management Science, 2004, 50 (2): 239-252.

[61] Prahinski C., Kocabacoglu C. Emprical research opportunities in reverse supply chain [J]. Omega, 2006 (34): 519-532.

[62] Thierrt M., Salomon M., Van W.L. Strategic issues in product recovery management [J]. California Management Review, 1995, 37 (2): 114-135.

[63] Manbir S., Sodhi B.R. Models for recycling electronics end-of-life products [J]. ORSpektrum, 2001, 9 (23): 97-115.

[64] 王璇，梁工谦. 再制造逆向物流的废旧产品回收模式分析 [J]. 现代制造工程，2009（4）：9-11.

[65] 刘嘉宝，邵良杉. 第三方逆向物流再制造网络模型与算法设计 [J]. 物流工程与管理，2010，32（1）：78-79.

[66] 张玲，巧晓弘，王正肖等. 废旧汽车逆向物流回收模式的研究 [J]. 汽车工程，2011（9）：823-828.

[67] 聂佳佳. 零售商信息分享对闭环供应链回收模式的影响 [J]. 管理科学学报，2013（9）：69-82.

[68] 计国君，黄位旺. WEEE 回收条例有效实施问题研究 [J]. 管理科学学报，2012，15（3）：1-9.

[69] 王涛，倪静，王奕璇.基于最小碳排放的逆向物流回收网络优化 [J].数学的实践与认识，2016，42（24）：107-114.

[70] 倪明，朱珈沂，郭军华等.废弃电子产品回收再利用模式研究 [J].北京交通大学学报（社会科学版），2014，13（4）：52-58.

[71] 邹安全，罗杏玲.基于 AHP 方法的废旧汽车逆向物流回收模式研究 [J].长沙大学学报，2013，27（5）：78-80.

[72] 梁碧云，丁宝红，施俊才.报废汽车逆向物流回收模式决策分析 [J].物流技术，2013，32（21）：199-202.

[73] 李俊，田萍，李海波.废旧家电逆向物流回收处理模式分析 [J].山东交通科技，2013（1）：68-72.

[74] 范波峰.电子废弃物逆向物流模式决策研究[J].科技经济市场，2011（11）：118-119.

[75] 沈君华.废旧家电逆向物流的运作模式研究 [J].经济师，2011（6）：24-25.

[76] 张颖菁，刘娟娟.实施第三方逆向物流可行性研究 [J].中国物流与采购，2010（11）：74-75.

[77] 邵华.第三方逆向物流的价值与竞争力分析研究[J].中国商论，2011（10）：158-159.

[78] 周伶云，郁昂.第三方逆向物流在 WEEE 处理中的应用 [J].环境科学与管理，2008（7）：15-19.

[79] 马莉.第三方逆向物流供应商评价指标体系构建研究 [J].物流技术，2014（24）：77-79.

[80] 张雄林，张彩云，胡欣月.第三方逆向物流回收成本的 ISM 分析 [J].物流技术，2014（8）：170-173.

[81] 曾倩琳，周万森.第三方逆向物流的基本理论及其决策研究 [J].铁道运输与经济，2006（8）：7-10.

[82] 文风.第三方逆向物流企业选评研究 [J].科技进步与对策，2009（22）：152-156.

[83] 陈傲，王旭平，刘党社. EPR 约束下逆向物流供应商评价体系与优化方法研究 [J]. 管理评论，2008（11）：57-62.

[84] 梁志林. 第三方逆向物流实施策略研究 [J]. 公路，2010（10）：156-159.

[85] Tan A., Kumar A. A decision making model for reverse logistics in the computer industry [J]. Management，2006，17（3）：331-354.

[86] Efendigil T., Onut S., Kongar E.A. A holistic approach for selecting a third party reverse logistics provider in the presence of vagueness [J]. Computers and Industrial Engineering，2008，54（2）：269-287.

[87] Hong I.H., Yeh J.S. Modeling closed loop supply chain in the electronics industry：A retailer collection application [J]. Transportation Research Part E，2012（48）：817-829.

[88] Krumwiede D.W. A model for reverse logistics entry by third tarty providers [J]. Omega，2000（30）：325-333.

[89] 郎宏文，韩雪. 基于 MILP 的报废农机产品逆向物流网络优化研究 [J]. 科技与管理，2015，17（6）：72-77.

[90] 何波，杨超，任鸣鸣. 基于第三方物流的产品回收物流网络优化模型计算法 [J]. 计算机集成制造系统，2008，14（1）：39-44.

[91] 何波，杨燕鹤. 基于第三方物流的集成化物流网络系统优化设计研究 [J]. 工业工程，2010，13（5）：65-68.

[92] 陈果，王峰，李夏苗. 第三方物流的逆向物流网络水军规划模型及其算法 [J]. 铁道科学与工程学报，2008，5（5）：86-92.

[93] 刘秋生，王秀竹，侯云章. 基于熵值的第三方逆向物流供应商评价研究 [J]. 科技管理研究，2013（10）：179-182.

[94] 李晓莉. 基于粗糙集的灰色 TOPSIS 法的第三方逆向物流供应商评价研究 [J]. 科技管理研究，2013（11）：66-71.

[95] 陈虎，蒋霁云. 基于第三方逆向物流的合作协调模型设计与实现开发研究 [J]. 开发研究，2010（3）：138-140.

［96］魏洁，魏航.第三方逆向物流回收合作［J］.系统管理学报，2011，20（6）：702-709.

［97］高阳，刘军.基于第三方回收再制造逆向物流网络设计［J］.计算机系统应用，2013，22（7）：16-21.

［98］翟勇洪.低碳经济视角下的现代物流发展策略研究［J］.现代管理科学，2013（6）：87-89.

［99］Pan S., Eric B.E., Fontane F. The reduction of green house gas emissions from freight transport by pooling supply chains ［J］. International Journal of Production Economics，2013，143（1）：7-14.

［100］Elhedhli S., Merrick R. Green supply chain network design to reduce carbon emissions［J］. Transportation Research Part D：Transport and Environment，2012，17（5）：370-379.

［101］Abdallah T., Farhat A., Diabat A., et al. Green supply chains with carbon rrading and environmental sourcing：Formulation and life cycle assessment［J］. Applied Mathematical Modelling，2012，36（9）：4271-4285.

［102］Sundarakani B., Souzab R. Modeling carbon footprints across the supply chain［J］. International Journal of Production Economics，2010，128（1）：43-50.

［103］Ramudhin A., Chaabane A. Carbon market sensitive sustainable supply chain network design［J］. International Journal of Management Science and Engineering Management，2010（5）：30-38.

［104］Mallidis I., Dekker R. Greening supply chains：Impact on costs and design［R］. Econometric Institute，Erasmus University Rotterdam，2010（8）：1-38.

［105］Chaabane A., Ramudhin A. Design of sustainable supply chains under the emission trading scheme ［J］. International Journal of Production Economics，2012，135（1）：37-49.

［106］Harris I., Naim M. Assessing the impact of cost optimization based on infrastructure modelling on CO_2 emissions [J]. International Journal of Production Economics, 2011, 131 (1): 313–321.

[107] Piattelli M.L., Cuneo M.A. The control of goods transportation growth by modal share replanning: The role of a carbon tax [J]. System Dynamics Review, 2002, 18 (1): 47–69.

[108] Hoen K.M., Tan T. Effect of carbon emission regulations on transport mode selection in supply chains [R]. Working Paper School of Industrial Engineering, Eindhoven University of Technology, 2010.

[109] Benjaafar S., Li Y. Carbon footprint and the management of supply chains: Insights from simple models[J]. IEEE Transactions on Automation Science and Engineering, 2013 (10): 99–116.

[110] Jin M.Z., Nelson A., Marulanda G. The impact of carbon policies on supply chain design and logistics of a major retailer [J]. Journal of Cleaner Production, 2013 (9): 1–9.

[111] Geyer R., Jackson T. Supply loops and their constraints: The industrial ecology of recycling and reuse [J]. California Management Review, 2004, 43 (7): 55–73.

[112] Neto Q.F. From closed loop to sustainable supply chains: The WEEE case [J]. International Journal of Production Research, 2010, 48 (5): 4463–4481.

[113] Goel A. The value of intransit visibility for supply chains with multiple modes of transport [J]. International Journal of Logistics: Research and Applications, 2010 (13): 530–542.

[114] Linton J.D., Klassen R. Sustainable supply chains: An introduction [J]. Journal of Operations Management, 2007, 25 (2): 1075–1082.

[115] Srivastava S.K. Green supply chain management: A state of the art literature review [J]. International Journal of Management Reviews, 2007 (9): 53–80.

[116] 高辉. 低碳物流发展的文化思考 [J]. 科技管理研究, 2015 (12): 247-250.

[117] 范璐. 低碳物流发展路径研究 [J]. 中国流通经济, 2011 (8): 46-51.

[118] 段向云, 陈瑞照, 李建峰. 美、日、德低碳物流经验探析及启示 [J]. 环境保护, 2014 (13): 70-72.

[119] 李碧珍, 叶琪. 福建省低碳物流发展的影响因子评价——基于网络层次分析法 [J]. 福建师范大学学报, 2014 (3): 14-20.

[120] 姜彤彤, 吴修国. 低碳物流探析 [J]. 经济与管理, 2011 (7): 79-83.

[121] 张沈青. 低碳经济下物流运行模式探析 [J]. 当代经济研究, 2016 (7): 92-96.

[122] 覃扬彬. 广西北部湾经济区低碳物流的发展路径 [J]. 学术论坛, 2010 (8): 139-142.

[123] 李晓妮, 韩瑞珠. 低碳经济下政府政策对供应链企业决策影响研究 [J]. 科技管理研究, 2016 (1): 240-245.

[124] 陈煜. 博弈视角下低碳物流策略选择研究 [J]. 铁道运输与经济, 2013 (6): 89-92.

[125] 潘双利, 海波, 郑贵军. 区域物流低碳化发展的思路与对策 [J]. 特区经济, 2011 (12): 243-245.

[126] 李进. 基于可信性的低碳物流网络设计对目标模糊规划问题 [J]. 系统工程理论与实践, 2015, 35 (6): 1482-1492.

[127] 张汉江, 张佳雨, 赖明勇. 低碳背景下政府行为及供应链合作研发博弈分析 [J]. 中国管理科学, 2015, 23 (10): 57-67.

[128] 李丽. 京津冀低碳物流能力评价指标体系构建——基于模糊物元的研究 [J]. 现代财经, 2013 (2): 72-82.

[129] 汤中明, 周玲. 物流业发展对低碳经济影响的实证研究 [J]. 生态经济, 2016, 32 (11): 84-87.

［130］王富忠，沈祖芬. 物流业能源消费的替代效用和城镇化效用研究［J］. 中国管理科学，2016，24（9）：45-52.

［131］伍星华，姚珣，李思寰. 低碳物流服务供应商选择的 GST-ANP 模型研究［J］. 科技管理研究，2015（20）：253-258.

［132］朱莉. 低碳经济下物流优化设计的网络均衡分析［J］. 中国人口·资源与环境，2013，23（7）：77-83.

［133］唐建荣，卢玲珠. 低碳约束下的物流效率分析——以东部十省市为例［J］. 中国流通经济，2013（1）：40-47.

［134］董峰，徐喜辉，韩宇. 低碳约束下的我国省际物流业效率研究［J］. 华东经济管理，2016，30（5）：86-91.

［135］王珏青，许茂增. 基于最小碳排放的广义 TSP 模型研究［J］. 数学的实践与认识，2012，42（8）：69-75.

［136］Chung U., Choi J., Yun J.I. Urbanization effect on the observed change in mean monthly temperatures between 1951-1980 and 1971-2000 in Korea［J］. Climatic Change, 2004, 66（9）：127-136.

［137］York R. Demographic trends and energy consumption in European Union Nations：1960-2025［J］. Social Science Research, 2007, 36（3）：855-872.

［138］Liu Y.B. Exploring the relationship between urbanization and energy consumption in China using ARDL and FDM［J］. Energy, 2009, 34（11）：1846-1854.

［139］Dalton M.G., Neill B., Prskawetz A., et al. Population aging and future carbon emissions in the United States［J］. Energy Economics, 2008, 30（2）：642-675.

［140］Laan E.A., Beijer C., Ruwaard J.B. Sustainable inland transportation［J］. International Journal of Business Insights and Transformation, 2011, 3（3）：26-33.

［141］Goel A. The value of in transit visibility for supply chains with multiple modes of transport [J]. International Journal of Logistics: Research and Application, 2010 (13): 530-542.

[142] 徐国泉, 刘则渊, 姜照华. 中国碳排放的因素分解模型及实证分析: 1995~2004 [J]. 中国人口·资源与环境, 2006, 16 (6): 158-161.

[143] 查冬兰, 周德群. 地区能源效率与二氧化碳排放的差异性——基于 Kaya 因素分解 [J]. 系统工程, 2007, 25 (11): 65-71.

[144] 王伟林, 黄贤金. 区域碳排放强度变化的因素分解模型及实证分析: 以江苏省为例 [J]. 生态经济, 2008 (12): 32-35.

[145] 王韶华, 于维洋, 张伟. 我国能源结构对低碳经济的作用关系及作用机理探讨 [J]. 中国科技论坛, 2015 (1): 119-124.

[146] 孙敬水. 中国碳排放强度驱动因素实证研究 [J]. 贵州财经大学学报, 2011 (3): 1-6.

[147] 卢愿清, 董芳. 低碳竞争力驱动因素及作用机理[J]. 科技进步与对策, 2013, 30 (9): 15-18.

[148] 叶晓佳, 孙敬水, 董立峰. 低碳经济发展中的碳排放驱动因素实证研究——以浙江省为例[J]. 经济理论与经济管理, 2011 (4): 13-23.

[149] 田泽, 董凯丽, 吴凤萍. 江苏省终端能源消费 CO_2 排放总量测算及驱动因素研究 [J]. 中国人口·资源与环境, 2015, 25 (11): 19-27.

[150] 王喜, 周伯燕, 王如楠等. 中原经济区低碳经济发展的影响因素及驱动机制研究[J]. 河南大学学报 (自然科学版), 2016, 46 (4): 400-406.

[151] 张洪武, 时临云. 低碳经济下中国工业行业 CO_2 排放变化、驱动因素及其减排对策研究——基于 1991~2010 年面板数据的分析 [J]. 软科学, 2013, 27 (12): 114-119.

[152] 袁鹏, 程施, 刘海洋. 国际贸易对我国 CO_2 排放增长的影响: 基于 SDA 与 LMDI 结合的分解法 [J]. 经济评论, 2012 (1): 122-132.

[153] 范丹. 中国能源消费碳排放变化的驱动因素研究: 基于 LMDI-PDA 分解法 [J]. 中国环境科学, 2013, 33 (9): 1703-1705.

[154] Zhou X.Y. A class of integrated logistics network model under ran-

dom fuzzy environment and its application to Chinese beer company [J]. International Journal of Uncertainty Fuzziness and Knowledge-based Systems, 2009 (6): 807-831.

[155] Bigum M., Petersen C., Christensen T.H., et al. WEEE and portable batteries in residual household waste: Quantification and characterization of misplaced waste [J]. Waste Managment, 2013, 33 (11): 2372-2380.

[156] Krikke H. Impact of closed-loop network configurations on carbon footprints: A case study in copies[J]. Resourse and Conserve Recycle, 2011, 55 (12): 1196-1205.

[157] Kara S.S., Onut S. A two-stage stochastic and robust programming approach to strategic planning of a reverse supply network: The case of paper recycling[J]. Expert Systems with Applications, 2010 (7): 6129-6137.

[158] Ayvaz B., Bolat B., Aydln N. Stochastic reverse logistics network design for waste of electricaland electronic equipment [J]. Resources, Conservation and Recycling, 2015 (104): 391-404.

[159] Ramezanian R., Rahmani D., Barzinpour F. An aggregate production planning model for two phase production systems: Solving with genetic algorithm and tabu search [J]. Expert Systems with Applications, 2012, 39 (1): 1256-1263.

[160] Achillas C. A multi-objective decision-making model to select waste electrical and electronic equipment transportation media [J]. Resources, Conservation and Recycling, 2012 (8): 76-84.

[161] Patroklos G.I., Besiou M.A. Environmental and economic sustainability of WEEE closed-loop supply chains with recycling: A system dynamics analysis [J]. International Journal of Advanced Manufacturing Technology, 2010 (7): 475-493.

[162] Shokohyar S., Mansour S. Simulation-based optimization of a sustainable recovery network for Waste from Electrical and Electronic Equipment

［J］. International Journal of Computer Integrated Manufacturing，2013（6）：487-503.

［163］Vahdani B.，Moghaddam R.T.，Modarres M.，et al. Reliable design of a forward/reverse logistics network under uncertainty：A robust-M/M/c queuing model［J］. Transportation Research Part E：Logistics and Transportation Review，2012，48（6）：1152-1168.

［164］Patroklos G.I.，Besiou M.A. Environmental and economic sustainability of WEEE closed-loop supply chains with recycling：A system dynamics analysis［J］. International Journal of Advanced Manufacturing Technology，2010（7）：475-493.

［165］桂云苗，龚本刚，程幼明. 不确定条件下供应链网络鲁棒优化与算法［J］. 统计与决策，2011（8）：172-174.

［166］江兵，肖练. 考虑逆向物流库存的产品生产/再制造成本优化［J］. 中国管理科学，2014，22（11）：404-408.

［167］伍星华，王旭，林云. 制造/再制造集成物流网络的优化设计研究［J］. 计算机工程与应用，2010（15）：201-204.

［168］陈勇，杨雅斌，张勤. 基于第三方回收的废旧家电逆向物流网络设计［J］. 数学的实践与认识，2016，46（17）：81-90.

［169］周向红，高阳，任剑等. 政府补贴下的再制造逆向物流多目标选址模型及算法［J］. 系统工程理论与实践，2015，35（8）：1996-2003.

［170］毛海军，芮维娜，李旭宏. 基于不确定条件的再制造物流网络优化设计［J］. 东南大学学报（自然科学版），2010（2）：425-430.

［171］刘志峰，沈丙涛，黄海鸿等. 废旧家电产品逆向物流多级库存模型［J］. 生态经济，2015，31（11）：104-107.

［172］朱海波. 考虑服务水平的闭环供应链网络规划模型［J］. 计算机集成制造系统，2013，19（10）：2582-2589.

［173］Pishvaee M.S.，Rabbani M.，Torabi S.A. A robust optimization approach to closed-loop supply chain network design under uncertainty［J］.

Applied Mathematical Modeling, 2011, 35（1）: 637–649.

[174] Hasani A., Zegordi S.H., Nikbakhsh E. Robust closed–loop supply chain network design for perishable goods in agile manufacturing under uncertainty [J]. International Journal of Production Research, 2012, 50（5）: 4649–4669.

[175] Galvez D., Rakotondranaivo A., Morel L., et al. Reverse logistics network design for a biogas plant: An approach based on MILP optimization and Analytical Hierarchical Process（AHP）[J]. Journal of Manufacturing Systems, 2015, 37（10）: 616–623.

[176] Eisayed M.E., Afia N., Kharbotly A.E. A stochastic model for forward–reverse logistics network design under risk [J]. Computers and Industrial Engineering, 2010, 58（3）: 423–431.

[177] Roghanian E., Pazhoheshfar P. An optimization model for reverse logistics network under stochastic environment by using genetic algorithm [J]. Journal of Manufacturing Systems, 2014, 33（11）: 348–356.

[178] Bardossy M.G., Raghavan S. Robust optimization for the connected facility location problem [J]. Electronic Notes in Discrete Mathematics, 2013, 44（5）: 149–154.

[179] Govindana K., Paamb P., Abtahib A.R. A fuzzy multi–objective optimization model for sustainable reverse logistics network design[J]. Ecological Indicators, 2016, 67（8）: 753–768.

[180] Wei C., Li Y., Cai X. Robust optimal policies of product and inventory with uncertain returns and demand [J]. International Journal of Production Economics, 2011, 134（8）: 357–367.

[181] Zhou S.X., Tao Z., Chao X. Optimal control of inventory system with multiple types of remanufacturable products[J]. Manufacturing and Service Operations Management, 2011（13）: 20–34.

[182] Suyabatmaz A.C., Altekin F.T., Şahin G. Hybrid simulation–

analytical modeling approaches for the reverse logistics network design of a third-party logistics provider[J]. Computers and Industrial Engineering，2014，70（4）：74-89.

[183] Lieckens K., Vandaele N. Multi-level reverse logistics network design under uncertainty [J]. International Journal of Production Research，2012，50（1）：23-40.

[184] 张英，魏明珠. 基于鲁棒优化的逆向物流网络设计 [J]. 物流工程与管理，2010（11）：60-62.

[185] Beltran L.S. Reverse logistics：Current trends and practices in the commercial world [J]. Logistics Spectrum，2002，36（3）：4-8.

[186] Kiddee P. Electronic waste management approaches：An overview [J]. Waste Management，2013，33（5）：1-10.

[187] 中国国家标准物流术语 （GB/T18354-2001）[Z]. 中国物流与采购联合会，2001.

[188] 王伟芳. 我国废旧家电逆向物流体系构建探析 [J]. 企业导报，2013（13）：40-41.

[189] 王道平，夏秀琴. 在我国电子废弃物回收中发挥第三方物流优势研究 [J]. 北京工商大学学报（社会科学版），2011（4）：83-87.

[190] 王倩. 第三方逆向物流供应商的标杆管理[J]. 东岳论丛，2012（9）：173-175.

[191] Energy White Paper. Our energy future-creating a low carbon economy [R]. United Kingdom，2003.

[192] 张诚，周安，张志坚. 低碳经济下物流碳足迹动态预测研究——基于 2004~2012 年 30 省市面板数据 [J]. 科技管理研究，2015（24）：211-215.

[193] Bai D., Carpenter T., Mulvey J. Making a case for robust optimization models [J]. Management Science，1997，43（7）：895-907.

[194] Mulvey J.M., Vanderbei R.J., Zenios S.A. Robust optimization of

large-scale systems [J]. Operations Research, 1995, 43 (2): 264-281.

[195] 杨秋平, 谢新连, 苏晨. 需求不确定下船队规划决策的鲁棒优化模型 [J]. 华南理工大学学报 (自然科学版), 2010, 83 (3): 82-88.

[196] Bertsimas D., Sim M. The price of robustness [J]. Operational Research, 2004 (52): 35-55.

[197] Bertsimas D., Brown D.B., Caramanis C. Theory and application of robust optimization [J]. SIAM Review, 2011, 53 (3): 464-501.

[198] Delage E.H. Distributionallly robust optimization in context of data-driven problems [D]. Standford University, 2009.

[199] Yu C.S., Li H.L. A robust optimization model for stochastic logistic problems [J]. International Journal of Production Economics, 2000, 64 (10): 385-397.

[200] Ukkusuri S.V., Ramadurai G., Patil G. A robust transportation signal control problem accounting for traffic dynamics [J]. Computer and Operations Research, 2010, 37 (5): 869-879.

[201] Chios S.W. Optimization of robust area traffic control with equilibrium flow under demand uncertainty [J]. Computer and Operations Research, 2014, 41 (1): 399-411.

[202] 张本越, 刘佳娜. 静脉产业环境绩效评价指标体系的构建 [J]. 统计与决策, 2017 (5): 72-74.

[203] 张毅飞, 任杰, 杨华领. 论企业绩效审计评价指标体系的构建 [J]. 现代管理科学, 2016 (3): 94-96.

[204] 马庆钰, 曹堂哲, 谢菊. 中国社会组织发展指标体系构建与预测 [J]. 中国行政管理, 2015 (4): 68-78.

[205] 赵宇哲, 刘芳. 生态港口评价指标体系的构建——基于 R 聚类、变异系数与专家经验的分析 [J]. 科研管理, 2015 (2): 124-132.

[206] 郑华彬, 黄炎生, 袁兵等. 基于隶属度和层次分析法研究结构可靠性鉴定 [J]. 广西大学学报 (自然科学版), 2010, 35 (4): 582-587.

［207］Ployhart R.E., Ehrhart M.G. Be careful what you ask for：Effects of response instructions on the construct validity and reliability of situational judgment tests ［J］. International Journal of Selection and Assessment，2003 (11)：1-16.

［208］徐汉明，周箴. 基于环境效度影响因素分析下的创意产业园区评估指标体系研究［J］. 中国软科学，2017（3）：164-177.

［209］岳晓旭，袁军鹏，潘云涛等. 中国国际科技合作主导地位变迁和效度分析［J］. 科学学与科学技术管理，2016（1）：3-13.

［210］黄晓燕，万国威. 新生代农民工就业权益保障的现实效度分析——基于 8 个城市农民工群体的实证调查［J］. 南开学报（哲学社会科学版），2016（4）：122-130.

［211］黄尚军，郑勤. 少数民族地区体育发展的经济效度分析与研究［J］. 贵州民族研究，2015（12）：210-213.

［212］吕力. 管理案例研究的信效度分析：以 AMJ 年度最佳论文为例［J］. 科学学与科学技术管理，2014（12）：19-29.

［213］吕本富，陈东，查中伟. 企业家激励量表因素的方差分析与信效度检验［J］. 统计与决策，2014（3）：184-188.

［214］梁乃文，王小燕，侯振挺等. 湖南省公众安全感调查问卷及其与信度和效度分析［J］. 数理统计与管理，2012（6）：1039-1048.

［215］陈茜，田治威. 林业上市企业财务风险评价研究——基于因子分析法和聚类分析法［J］. 财经理论与实践，2017（1）：103-108.

［216］刘新静，张懿玮. 中国大都市城市竞争力评价分析——基于因子分析法［J］. 同济大学学报（社会科学版），2016（1）：69-77.

［217］吴建国，张经强，王娇. 我国高校科技创新能力比较分析：基于因子分析法的实证研究［J］. 科技进步与对策，2015（15）：151-155.

［218］刘群红，杨茜. 基于因子分析法的江西产业地产投资环境量化研究［J］. 江西师范大学学报（哲学社会科学版），2016（2）：164-168.

［219］谷炜，杜秀亭，卫李蓉. 基于因子分析法的中国规模以上工业

企业技术创新能力评价研究 [J]. 科学管理研究，2015（1）：84-87.

[220] Branger F., Quirion P. Reaping the carbon rent: Abatement and overallocation profits in the European cement industry, insights from an LMDI decomposition analysis [J]. Energy Economics, 2015, 47（7）: 189-205.

[221] Jeong K., Kim S. LMDI decomposition analysis of greenhouse gas emissions in the Korean manufacturing sector [J]. Energy Policy, 2013, 62（6）: 1245-1253.

[222] Jung S., An K., Dodbiba G. Regional energy-related carbon emission characteristics and potential mitigation in eco-industrial parks in South Korea: Logarithmic mean Divisia index analysis based on the Kaya identity [J]. Energy, 2012, 46（1）: 231-241.

[223] Fernández G.P., Landajo M., Presno M.J. Tracking European Union CO_2 emissions through LMDI（Logarithmic-Mean Divisia Index）decomposition—The activity revaluation approach [J]. Energy, 2014, 48（3）: 741-750.

[224] Ren S., Yin H., Chen X. Using LMDI to analyze the decoupling of carbon dioxide emissions by China's manufacturing industry [J]. Environmental Development, 2014（9）: 61-75.

[225] 金春雨，兰中停. 一个时变系数协整回归模型及应用研究 [J]. 数量经济技术经济研究，2016（6）：144-160.

[226] 陈绍俭，侯玉琳，阎霄. PPP 和 UIP 在中国的适用性检验——基于多变量协整分析 [J]. 山西财经大学学报，2016（11）：13-24.

[227] 朱德莉. 我国农村金融发展对农民收入增长的影响研究——基于协整检验和 VEC 模型的实证分析 [J]. 农村经济，2014（11）：92-97.

[228] 王子超，熊灵，王子岚. 陆地边疆省份旅游发展与经济增长的互动效应研究：基于面板数据的 Granger 因果检验[J]. 中国软科学，2016（12）：172-181.

[229] 苏木亚，郭崇慧. 基于谱聚类—独立成分分析—Granger 因果检验模型的金融风险协同溢出分析 [J]. 系统管理学报，2015（1）：63-70.